W0175340

Reinhard Kaiser
Mein elektronischer Schreibtisch

Reinhard Kaiser Mein elektronischer Schreibtisch

Ein Lockbuch für alle,
die aus ihrem Computer mehr machen wollen,
als die Schreibmaschine immer schon war

Eichborn.**Berlin**

Ergänzungen und Aktualisierungen zu diesem Buch finden Sie auf der Eichborn-Internetseite
www.eichborn.de

Elektronische Post an den Verfasser:
reinkaiser@aol.com

Inhalt

Einleitung

Das Ausmaß der Zumutungen

Vermessung meiner Vermessenheit

Es wäre vermessen, den eigenen Schreibtisch zum Modell für andere zu machen. Aber über *den* Schreibtisch schlechthin läßt sich kaum sinnvoll reden – auch nicht über *den* elektronischen. Wer an einem Tisch schreibt, der hat ihn sich auf seine Weise eingerichtet. Kein Schreibtisch ist wie der andere. Auch ich sitze an meinem, dem einzigen, auf dem ich mich einigermaßen auskenne, und frage mich, ob das, was ich über die Ordnung und Unordnung auf diesem Tisch, über die auf ihm und in seiner näheren Umgebung anzutreffenden Gerätschaften und den Umgang mit ihnen in Erfahrung gebracht habe und sagen kann, für andere, die an anderen Schreibtischen schreibend sich bemühen, überhaupt von Interesse ist.

Jedenfalls will ich niemanden zur Schreibtischelektronik überreden oder bekehren. Mir ist der Wechsel von der elektrischen Schreibmaschine zum Computer, im ganzen gesehen, zwar ab dem dritten Tag vorteilhaft für meine Arbeit erschienen. Doch Bleistift, Kugelschreiber, Füllfederhalter und Schreibmaschine stehen nach wie vor zur Verfügung. Es wäre vermessen, andere Schreibende über das, was ihnen wirklich nützlich sei, belehren zu wollen und ihnen in die Wahl ihrer Mittel hineinzureden. Leicht soll das Schreiben von der Hand gehen. Das wünscht sich wohl jeder, der schreibt. Aber wie diese oft nur schwer zu erreichende Leichtigkeit am ehesten gewonnen wird, muß jeder selbst herausfinden. Der Computer eröffnet in dieser Hinsicht gewisse Chancen. Er bietet jedoch keine Garantie – so wenig wie irgendein anderes Schreibgerät. Und mit dem Spektrum der Möglichkeiten erweitert sich das Ausmaß der Zumutungen.

Jeder, der schreiben kann, ist irgendwann einmal ausgiebig über das Schreiben belehrt worden: über die Gestalt, die die Buchstaben annehmen sollen, und darüber, wie sie auf der Tafel, auf dem Papier aneinanderzureihen seien und wie die Hand dabei den Griffel, den Stift, den Füllhalter zu führen habe. In seinen Anfängen ist das Schreiben umlagert von Regeln, Vorschriften, Verbindlichkeiten. Aber irgendwann, wenn aus Kleckserei und Drill Gewohnheit und Fertigkeit geworden sind, treten das Müssen und das Sollen zurück und die Selbstbestimmung hervor. Die elementare, von aller Welt nach den gleichen, allgemein gültigen Regeln geübte Tätigkeit des Schreibens wird nun wie nur wenige andere (das Lieben vielleicht) üppig umlagert von individuellen Prägungen. Wie leicht oder schwer es in Gang kommt und im Fluß bleibt und bis zu welcher Höhe des Gedankens es sich aufzuschwingen vermag, hängt für jeden Schreibenden, gleichgültig, ob er über einem Buch, einem Brief, einem Zeitungsartikel, einer Dissertation oder irgendeinem anderen Schriftstück sitzt, von allerlei verwickelten Voraussetzungen ab. Stimmungen, Gewohnheiten, Vorlieben, Eigenheiten kommen ins Spiel und wirken an Fortgang und Gelingen nachhaltig mit. Mit den Belehrungen hat es nun ein Ende. Zum Glück.

Beim Erscheinen des persönlichen Computers auf dem eigenen Schreibtisch jedoch steht das Schreibenlernen plötzlich wieder auf dem Tagesplan – anders zwar als einst in der Schule, doch der Stoff, den es diesmal zu erarbeiten gilt, ist wiederum von erheblichem Umfang und jedenfalls anspruchsvoller als das, was beim Auftauchen der Schreibmaschine zu trainieren war. Der Computer ist nicht nur Schreibgerät, sondern auch Dokumentenarchiv. Und er hat obendrein das Zeug, sich auf verschiedenen Nachbargebieten nützlich zu machen: als Gedächtnisstütze und Rechenmaschine, als Planschmiede und Bilderlabor, und dort, wo er mit dem Internationalen Netz verbunden wird, taugt er womöglich als Such-, Sende- und Empfangsapparat für Botschaften und Auskünfte dieser oder jener Art. Wer ihn auch nur in einer von diesen Funktionen nutzen will, der sollte sich durch kernige Ermunterungen wie »Anschalten und loslegen!« nicht darüber hinwegtäuschen lassen, daß ihm die Bewältigung eines größeren Lernprogramms bevorsteht.

Zwar tritt der Computer von Anfang an als Befehlsempfänger auf und rührt sich ja auch wirklich nicht, solange ihm kein Befehl erteilt wird. Aber er ist es, der die Regeln mitbringt, nach denen dieses Befehleerteilen zu geschehen hat. Er gibt sie vor und ahndet ihre Nichtbeachtung durch Stillstand, Fehlermeldung oder Versagen. Auf diese Weise erfährt derjenige, der sich einen Computer dienstbar machen will, zunächst einmal, wie auch der elektronische Knecht dem inkompetenten Herrn – und natürlich auch der Herrin – überlegen sein kann, und muß erst lernen, nach welchen Vorschriften er welche Befehle überhaupt erteilen kann. In dieser Phase wird der künftige Befehlshaber wenn schon nicht zum Befehlsempfänger, so doch zum Be-Diener herabgestuft. Niemand, der schreiben schon gelernt hat, *muß* sich das noch einmal antun. Es liegt aber an ihm, wie weit er im Laufe der Zeit über diese Stufe seiner Erniedrigung hinauskommt.

Den Computer gefügig machen

Wem danach ist, kann es in dieser Beziehung weit bringen. Der PC ist in seinen »harten« und vor allem in seinen »weichen« Bestandteilen ein Instrument, das sich in vieler Hinsicht formen und kneten läßt. Mehr noch, er fängt erst wirklich an zu funktionieren, wenn sein Benutzer ihn den eigenen Zwecken und Anforderungen anpaßt. Die Voreinstellungen, die die Geräte und die Programme mitbringen, wenn man sie nach dem Kauf zum erstenmal anschaltet, sind nicht unbedingt das maßgebliche und schon gar nicht das letzte Wort – sie sind eigentlich nichts weiter als ein Beispiel dafür, wie der PC eingestellt sein kann. Sie sollen die Phase überbrücken, in der der ungeübte, unerfahrene Nutzer, der noch gar nicht recht weiß, was ihn erwartet und was er erwarten kann oder darf, nach und nach Ansprüche und Wünsche entwickelt, den Umgang mit Maus und Tastatur, das Erscheinungsbild seiner Programme, ihr Funktionieren und Zusammenwirken betreffend. Wer es ein für allemal bei dem beläßt, was er beim ersten Anschalten des PC oder nach der ersten Installation eines neuen Programms vorfindet, der verzichtet auf einen erheblichen Teil des Nutzens, der ihm aus seinen neuen Erwerbungen erwachsen könnte.

Fertigkeit und Findigkeit im Umgang mit dem Computer sind also für den, der ihn sich zum Schreibgerät und zum Helfer auf Nachbargebieten gewählt hat, nicht Selbstzweck, sondern Schreibunterlage – Basis der eigenen Arbeit. Sie garantieren das Gelingen nicht, aber sie begünstigen es, und das Schauspiel der *freaks* und *fans*, die der Mitwelt unentwegt mit der Leistungsfähigkeit ihrer Rechner und ihren eigenen Leistungen an *keybord* und *terminal* in den Ohren liegen, sollte niemanden, den solche Prahlereien abstoßen oder kindisch anmuten, davon abhalten, sich selbst so kundig wie nötig oder möglich zu machen. Durch Erweiterung des eigenen Computerwissens und Vermehrung der eigenen Geschicklichkeit beim Handhaben von Befehlen und Funktionen macht sich der besonnene PC-Nutzer mit den Angebern noch lange nicht gemein. Er hilft sich selbst. Er verbessert die eigenen Chancen, den Kopf freizubekommen oder freizuhalten.

Kulturrecht auf Faulheit

Seit jeher gehören zum Schreiben Routinen, von denen sich, wenn sie einmal ausgebildet sind, ohne Not so leicht niemand mehr abbringen läßt, denn sie tragen zu der erwünschten Leichtigkeit des Formulierens erheblich bei. Jeder Schreibende hat ein Kulturrecht auf Faulheit – wenn schon nicht im Hinblick darauf, daß er schreibt und was er schreibt, so doch gewiß in der Frage des Wie, im Festhalten an gewohntem Gerät und im Beharren auf einmal erworbenen Gewohnheiten. Jeder hat ein gutes Recht, es sich mit aufkommenden Neuerungen so bequem wie eben möglich zu machen; an allem festzuhalten, was sich für ihn bewährt hat; sich mit dem zu begnügen, was er vorfindet, was er weiß und was er hat. Umwege, auf denen man sich auskennt, führen gelegentlich eher und sicherer ans Ziel als der kürzeste

Weg, den man erst noch erkunden müßte oder der einem aus irgendwelchen Gründen nicht geheuer ist. Wo sich auf einem Schreibtisch das Umständliche bewährt hat, verdient es immer Respekt und nie Geringschätzung. Oft genug geht es leichter von der Hand als die perfekte Bewegung auf der idealen Linie. Das elegante Zehnfingersystem hat wenig Reiz für den, der sich, wie ich, einbildet, er habe es mit zwei Fingern zu hinreichender Virtuosität gebracht.

Alle elementaren und viele der komplizierteren Prozeduren lassen sich am Computer auf mehr als eine Weise ausführen. Zwischen dem Anklicken von Bildzeichen oder Symbolflächen mit der Maus und dem Tippen von Tastenkombinationen ist reichlich Raum für die Ausbildung individueller Gepflogenheiten. Ein Verfahren, das dem einen praktisch erscheint und leichtfällt, läuft den Gewohnheiten des anderen vielleicht zuwider. Deshalb stehen auch viele der Hinweise und Vorschläge in diesem Buch unter einem Vorbehalt. Der Verfasser hätte sie nicht zu Papier gebracht, wenn sie ihm nicht empfehlens- und erprobenswert erscheinen würden. Aber ob sie ins Repertoire der eigenen Gewohnheiten passen und dort nützlich sein können, ob es die Mühe lohnt, sie sich anzueignen, muß jeder für sich herausfinden.

Umgang mit Umwälzungen

Es gibt einen zweiten guten Grund, sich im Hinblick auf das elektronische Schreibzeug gelegentlich des oben proklamierten Kulturrechts auf Faulheit zu erinnern. Wer sich einen Computer zulegt, wird nach einiger Zeit bemerken, daß er es nicht nur mit einem neuen Apparat, neuen Prozeduren und einer neuen Technik aufgenommen hat, sondern auch mit dem Rhythmus und dem Tempo, dem Rasen, in dem sich diese Technik jenseits des eigenen Schreibtischs verändert. Es gibt Beobachter der Szenerie, denen dieses Tempo noch bei weitem nicht ausreicht. Zu fehlerhaft erscheinen ihnen die Programme, zu störanfällig die Apparate, zu umständlich ihre Bedienung. Aus diesem Blickwinkel erwächst der Neuerungsdruck in der Sphäre der Computer aus deren nachweisbarer Unzulänglichkeit. Den gewöhnlichen Nutzer kann dennoch leicht ein Schwindel erfassen, wenn er verfolgt, wie im Halbjahresturnus immer leistungsfähigere Geräte, immer umfangreichere Programme oder Programmversionen auf den Markt stürmen, die jedesmal als unentbehrlich für all jene angepriesen werden, die auch nur halbwegs auf dem laufenden bleiben wollen. Mit dieser Spielart von Propaganda fertigzuwerden ist nicht die geringste unter den Schwierigkeiten, die man sich mit der Anschaffung eines Computers ins Haus holt.

Wer sich dem Drängen und Drücken unterwirft, ist selbst schuld und muß dafür zahlen. Das Neueste in der Elektronikbranche ist immer auch das unverhältnismäßig Teuerste. Leute, die der bloßen Neuigkeit von Neuheiten wenig abzugewinnen vermögen, können von den Neuheiten der jeweiligen Saison dennoch profitieren. Unweigerlich zeigt nämlich das Neueste bei seinem Erscheinen eine erfreuliche Wirkung: den Preisverfall des ehemals Neuesten, das nun ein wenig älter geworden ist, aber deswegen noch längst nicht zum alten Eisen gehört. Niemand ist gezwungen, immer auf dem neuesten Stand zu sein – und Leute, die auf dem Computer vor allem schreiben, schon gar nicht. Unter allen Computer-Nutzern können sie es sich am ehesten leisten, angesichts des Trubels Ruhe zu bewahren und

die Szene gelassen zu beobachten. Digitalisierte Schriftzeichen, selbst wenn sie in großen Schwärmen auftreten, beanspruchen die Kapazitäten der Elektronenrech-
ner weit weniger als digitale Bilder oder Töne. Die
schnellsten und größten, die neuesten und teuersten
PCs werden heutzutage von den Kindern zum Spielen
benötigt, nicht von schreibenden Leuten für die Arbeit.

Andererseits ist es nicht ratsam, die Bewegung, in der
sich die gesamte Sphäre befindet, und den Neuerungsdruck, der von ihr ausgeht, einfach zu ignorieren. Dort,
wo es nur um mehr vom Gleichen, mehr Speicherplatz
oder einen größeren Bildschirm oder eine höhere Takt-
frequenz des Prozessors geht, kann man gelassen über-
denken, ob man an den jeweils neuesten Segnungen
teilhaben oder sich mit denen von gestern oder vorge-
stern begnügen will. Wachsamkeit ist aber geboten, wo
sich Entwicklungssprünge abzeichnen, wo zum Beispiel
neue Diskettenformate, neue Speichermedien allgemeine Verbreitung finden und ältere Standards über kurz
oder lang verdrängen. Ein CD-Laufwerk, das vor wenigen Jahren noch als Luxus galt, gehört heute zur Grundausstattung des Computers, und wer über keines
verfügt, der ist von den Möglichkeiten, die etwa die
Enzyklopädien und Textarchive auf den Silberscheiben
bieten, bereits abgeschnitten und könnte über kurz oder
lang auch von der Zufuhr neuer Programme so abgeschnitten sein wie derjenige, der es in seinem PC von
vor zehn Jahren bei einem 5 1/4 Zoll Diskettenlaufwerk
belassen hat. Wer sich mit dem Computer einläßt,
kommt nicht umhin, von Zeit zu Zeit Umwälzungen
kleineren oder größeren Ausmaßes auf dem eigenen
Schreibtisch einzuleiten. Es ist jedesmal eine Zumutung.
Aber daß sich daran etwas ändern könnte, läßt sich nicht
absehen.

Der PC ist ein vielseitiges, wandlungsfähiges Gerät, das zu manchem taugt – ein elektronisches Schweizermesser, das allerdings die unliebsame Eigenschaft besitzt, eines seiner vielen Werkzeuge gelegentlich von selbst aufzuklappen, und zwar das am wenigsten erwünschte von allen: die Nervensäge. Der Computer setzt die Bereitschaft des Nutzers, sich auf Neues einzulassen und den Umgang mit diesem Neuen immer wieder aufs neue zu erlernen, bisweilen großen Strapazen aus. Wer am Computer arbeiten, schreiben und nicht immer nur ihn selbst und seine jeweils neuesten Möglichkeiten erkunden und erproben will, dem bleibt gar nichts anderes übrig, als sich gegen seine Aufdringlichkeit und seine Ansprüche mit Trägheit zu wappnen. Er verschanzt sich hinter dem, was er weiß, erbaut sich an dem Gedanken, daß er mehr nicht wissen will und nicht zu wissen braucht, und erfreut sich an der Vorstellung, daß der PC ein Instrument ist, von dem ohnehin *keiner*, der sich seiner Dienste bedient, *alles* weiß. Das von solchen Überlegungen gestützte Phlegma ist der Konzentration förderlich und hilft bei der Arbeit – bis zu jenem Punkt, an dem sich nützliche Trägheit und konzentriertes Nicht-Wissen-Wollen in verzagte Unbeholfenheit und gewöhnliche Ahnungslosigkeit verwandeln. Es ist nicht leicht zu bestimmen, wann dieser Punkt erreicht ist. Jeder wird ihn für sich ausfindig machen müssen. Und verschiedene Leute werden unterschiedliche Antworten auf die Frage nach seiner Lage geben – schon deshalb, weil Unbeholfenheit und Ahnungslosigkeit ziemlich unklare Begriffe in einer Sphäre sind, in der tatsächlich niemand alles weiß und nicht einmal ganz klar ist, was man alles wissen könnte. Klar scheint mir aber zu sein: wer sich den PC gefügig machen und gefügig halten will, tut gut daran, die eigene Trägheit gelegentlich abzustreifen.

Vom Ungenügen der Handbücher

Leicht wird es Leuten, die sich nach Auskunft und Aufschluß umsehen, von der Computerbranche nicht gemacht. Wer die inneren Hemmnisse überwunden und sich zu einem Ausflug über die Grenzen des Bekannten hinaus aufgerafft hat, der gerät, noch ehe er irgendwelches Neuland erreicht, an äußere Barrieren, die das weitere Fortkommen hemmen und wahrscheinlich auch schon seine ersten Schritte im Umgang mit dem Computer eher behindert als beflügelt haben: die Ärmlichkeit der Informationen, das Elend der Handbücher. Mir scheint, dieses Elend hat im Laufe der letzten Jahre dramatisch zugenommen.

Als ich vor zwölf Jahren mit dem ersten Rechner auch mein erstes Microsoft-Word kaufte – ich glaube, es war die Version 3.0 –, da kamen die Disketten zusammen mit zwei wunderbar soliden, offenbar auf Zuwachs angelegten, jedoch schon gut gefüllten Ringbüchern, in denen, auf kräftigem Papier sorgfältig gedruckt, alles zu lesen stand, was man über dieses Schreibprogramm wissen konnte. Ich fühlte mich vorzüglich behandelt und studierte mein Handbuch fleißig.

Sechs Jahre später – Ergänzungslieferungen zum Word-Handbuch hatten mich aus irgendeinem Grund nie erreicht – kaufte ich mir einen neuen Computer und zum erstmals installierten Windows auch die damals aktuelle Ausgabe von Word für Windows (6.0). Die beiden stattlichen Ringbücher waren zu einem schlabbrigen Paperback mutiert, das sich mit seinen 900 Seiten im Bücherregal ungestützt nicht aufrecht zu halten vermochte. Es stand immer noch viel zu lesen darin, doch leider nicht alles, was zu wissen mir nottat.

Gern hatte ich in meiner älteren Version von Word

die Möglichkeit genutzt, einfache Berechnungen auf einfache Weise gleich innerhalb des Textes auszuführen. Betrübt mußte ich feststellen, daß die neue Programm-version diese Funktion offenbar nicht mehr »unterstütz-te«. Unter dem Stichwort »Berechnen« brachte das Handbuch statt dessen allerlei verwickelte Vorschläge zur Verwendung von »Feld- und Tabellenfunktionen« – mit denen sich sehr viel kompliziertere Kalkulationen als bisher ausführen ließen, mit denen aber auch das Einfache nur noch auf abschreckend komplizierte Weise zu bewältigen war.

Resigniert kehrte ich zu meinem Taschenrechner zurück, bis ich eines Tages in einem Buch über Word, das aus dem PC eines unabhängigen Autors stammte, einen Hinweis auf den Verbleib des alten Befehls »Berech-nen« fand. Die hilfreiche Funktion war gar nicht unter-gegangen. Die Microsoft-Programmbauer hatten sie vielmehr aus unerfindlichen Gründen nur versteckt – tief im Inneren von Word, an einer Stelle, wo sie ohne kundigen Beistand kaum mehr aufzufinden war (siehe dazu S. 209). Sie ließ sich heben und wieder flott ma-chen, aber mein Vertrauen in die Brauchbarkeit offiziel-ler Handbuch-Informationen hatte ein schweres Leck davongetragen.

Es ging dann unter, als ich vor einiger Zeit zusam-men mit dem kompletten Office-Paket das neue Word 97 erstand. Da gab es nun überhaupt kein Handbuch mehr, sondern für insgesamt fünf Programme, von de-nen mindestens zwei weitere genauso mächtig und reich an Funktionen sind wie Word, auf rund 700 Seiten nur noch eine konfuse Ansammlung von »praxisnahen Anwendungsbeispielen«, in denen nicht nur nichts zu Ende erklärt wurde, aus denen sich auch nicht einmal ein Überblick darüber gewinnen ließ, was die einzelnen

Programme zu leisten imstande sind oder wie sie in ihren Grundzügen funktionieren.

Die Software wird von Version zu Version komplexer und die mitgelieferte Dokumentation im gleichen Rhythmus dürftiger und löchriger – erst recht dort, wo sie beim Kauf eines neuen Computers oder irgendeines Zusatzgeräts als bloße Dreingabe in Erscheinung tritt. Gedruckte Informationen fehlen hier oft ganz, und wie wollte man sie einfordern, wenn einem der Händler auseinandersetzt, was bei knapper Kalkulation noch möglich ist und was nicht, oder wenn man sich schon beim Kauf einer neuen Farbpatrone für den Tintenstrahldrucker mit einer CD voller aufwendiger Bildbearbeitungs- und Textprogramme beglückt sieht, die man, sofern man sich nicht anderweitig das nötige Wissen verschafft, in alle Zukunft nur halbwegs verstehen wird.

Die engen Kalkulationen der Computerbranche gehen oft zu Lasten der Information – sie wird verknappt oder sogar vollständig verweigert. Für sein Schnäppchen zahlt der Kunde mit Unwissenheit, die ihn bei seinem weiteren Umgang mit den elektronischen Geräten und Programmen um so hartnäckiger begleiten wird, je weniger sie ihm auffällt. Viele Möglichkeiten und Fähigkeiten der Geräte und Programme bleiben dann tatsächlich so *ungeahnt*, wie es die Reklame schon immer behauptet hat.

Die beiden großen Ausreden angesichts dieser Misere lauten: »intuitive Benutzerführung« und »Online-Hilfe«. Die Programme, so wollen uns ihre Architekten weismachen, seien grafisch und typografisch so übersichtlich und einleuchtend gestaltet, daß sie sich weitgehend selbst erklären oder von selbst verstehen. Falls dennoch etwas unklar bleibe, lasse sich der dunkle Punkt jederzeit in der integrierten elektronischen Hilfe auf dem Bildschirm nachschlagen.

Das sind nun allerdings höchst zweifelhafte Behauptungen. Grafische Elemente können zwar helfen, wenn es gilt, sich in der Fülle der Befehle und Optionen zurechtzufinden. Aber auf der »Benutzeroberfläche«, dem Bildschirm, reicht der Platz bei weitem nicht aus, alle oder auch nur die wichtigsten Funktionen in grafischen Symbolen unterzubringen. Außerdem hat das Bestreben, möglichst viele Funktionen und Befehle durch Bilder zu repräsentieren, längst zu einer neuen Unübersichtlichkeit geführt: Hunderte von Piktogrammen wollen uns von selbst einleuchten und zeigen doch nur, daß auch der Verständlichkeit der vermeintlich universalen Bildersprache ziemlich enge Grenzen gesteckt sind. Solche Piktogramme können als Erinnerungsstütze nützlich sein, wenn man begriffen und sich gemerkt hat, wofür sie stehen. Aber sie erklären und erläutern nichts, und ein Handbuch ersetzen sie schon gar nicht.

Als Ersatz für das Handbuch taugt auch die Online-Hilfe nicht. Zwar kann sie bei der Klärung von Einzelfragen hilfreich sein, und jeder, der dies noch nicht getan hat, sollte sich mit ihr vertraut machen, zumal sie in allen Windows-Programmen nach dem gleichen Schema funktioniert und man in diesem Punkt ein für allemal lernt. Aber schon wenn es an die Umsetzung dessen geht, was man eben nachgeschlagen hat, ist das Hilfe-Fenster oft genug im Weg und verdeckt eben jene Elemente, auf die man die gefundenen Lösungen anwenden will. Also prägt man sich ein, was die Hilfe Hilfreiches mitzuteilen hat, schaltet sie ab oder verbannt sie in die Task-Leiste, erkennt jedoch im nächsten Augenblick, daß man sich genau das, worauf es ankommt, nicht genau genug gemerkt hat, und muß dafür durch Wiederholung der Prozeduren büßen. Nicht selten schreibe ich mir die entscheidenden Schritte, die in einem Hilfetip angezeigt werden, vom Bildschirm auf ein Blatt Papier ab, um sie anschließend Punkt für Punkt durchzugehen, und ärgere mich fast jedesmal, wenn an der Stelle meines Zettels kein Handbuch aufgeschlagen liegt.

Wie gelassen ein Buch Auskunft über ein Thema zu geben vermag, wird einem schmerzlich klar, wenn man angesichts eines komplexen Programms tatsächlich auf nichts anderes als das Informationsgehäcksel der Online-Hilfe zurückgreifen kann. In einem Buch kann man blättern und stöbern und sogar schmökern, wie dies in der Kartei der elektronischen Direkthilfe kaum möglich ist.

Zum Glück gibt es zu den großen, verbreiteten Programmen mehr oder weniger zahlreiche buchförmige Einführungen, Anleitungen, Tipsammlungen, Handbücher, Kompendien, die davon profitieren, daß die Softwarelieferanten ihr Angebot in dieser Beziehung veröden lassen. Umfang, Anspruch und Qualität dieser Werke sind sehr unterschiedlich. Oft sind sie von Technikern geschrieben, die so sehr im Jargon der Programme, die zu erläutern sie sich doch vorgenommen haben, aufgegangen sind, daß sie gar nicht mehr erkennen, wo Übersetzungsbrücken zwischen der gewöhnlichen Sprache und der Spezialsprache ihrer Programme gebaut werden müßten. Viele dieser Bücher sind auch von einem naiven Vertrauen in die Funktionalität der dargestellten Programme geprägt. Von dem Vorhandensein einer bestimmten Funktion schließen sie bedenkenlos darauf, daß sie auch tatsächlich nützlich ist oder das leistet, was mit ihr versprochen wird, und verfallen darüber gelegentlich in einen hohen Ton der Anpreisung, der dem Reklameton der Softwarefirmen selbst ziemlich ähnlich wird. Die sogenannte »automatische Rechtschreibkorrektur« wird da leicht zur Garantin vollkommener Fehlerlosigkeit hochgejubelt, während sie doch in Wahrheit nicht mehr ist als eine unzulängliche Hilfe beim Aufspüren der allergröbsten orthographischen Schnitzer. Und die automatische Registererstellung wird als ein Mechanismus präsentiert, der, wenn man ihn nur richtig bedient, brauchbare Schlagwort- und Namenverzeichnisse an unsere Aufsätze und Bücher hängt – eine Behauptung, die nicht selten schon von den Registern, die diesen Handbüchern beigegeben sind, auf deprimierende Weise widerlegt wird.

Dennoch – jedes dieser Bücher ist besser als keines. Fast jedes größere Computerprogramm umfaßt nicht nur mehr Funktionen, als der einzelne Nutzer je nutzen wird, es eröffnet auch mehr Möglichkeiten und mehr Optionen, als er erwartet, und Bücher, so scheint mir, sind besonders gut geeignet, Einblick in die Fülle der Möglichkeiten und, falls erwünscht, einen Überblick über Einzelheiten und Einzelschritte zu gewähren. Es ist angesichts des Umfangs eines großen Schreibprogramms wie Word weder sinnvoll noch erstrebenswert, alle Möglichkeiten, die es bietet, zu studieren oder auszuprobieren. Mehr als eine Ahnung von all dem, was man nicht nutzt, ist nicht erforderlich – doch diese »Ahnung« sollte man haben. Wer Serienbriefe nicht verschicken, ein Schlagwortregister nicht automatisch erstellen, Tabellen in seinen Text nicht einbauen will, der braucht sich bei diesen Funktionen seines Programms auch nicht aufzuhalten. Es genügt, wenn er weiß, daß es sie gibt, und sollte er sie wirklich einmal verwenden wollen, kann er sich immer noch kundig machen – besonders gut in einem Buch.

Erster Teil

Weiter im Text. Kleine Vorschule des elektronischen Schreibens

1. Frühe Erlebnisse zwischen Maus und Maschine – und wie es nachher meinem »AT« erging.

Den ersten Computer habe ich mir vor ungefähr zwölf Jahren gekauft. Einen der schnellsten, die man damals bekommen konnte. AT hieß der Rechnertyp, ein »Zwei-Sechsundachtziger« mit einem Arbeitsspeicher von 512 Kilobyte, einer für damalige Verhältnisse riesigen Festplatte von 20 Megabyte und einer »Hercules-Grafikkarte«. Dazu einen monochromen 14-Zoll-Bildschirm, einen Vierundzwanzig-Nadel-Drucker und ein Schreibprogramm, das mir kundige Leute als das ausgereifteste von allen empfohlen hatten. Alles zusammen für mehr als zehntausend Mark. Soll ich gestehen, wie ich mir das leisten konnte, woher ich das Geld nahm?

Ich hatte ungefähr ein Jahr vorher ein Buch aus dem Englischen übersetzt, das sich innerhalb dieses Jahres rund 120 000 mal verkaufte, und als ich beim Verlag schließlich anfragte, ob denn nicht auch der Übersetzer an dem schönen Erfolg beteiligt werden könnte oder sollte, stieß ich nicht auf taube Ohren. Eine hocherfreuliche Erfahrung in einem Berufszweig, der von denen, die sich seiner Künste bedienen, zumeist eher kurz gehalten wird. Es war nicht irgendein Buch, das ich übersetzt hatte – es war Neil Postmans Essay über die Auswirkungen des Fernsehens und der Bilderflut auf unser Verstandesvermögen und unsere Zivilisation. *Amusing Ourselves to Death*, lautete der Titel, zu deutsch: *Wir amüsieren uns zu Tode*. Den ersten Bildschirm auf meinem Schreibtisch verdanke ich dem Erfolg von Postmans Plädoyer gegen die fortschreitende Durchsetzung unserer Welt mit Bildschirmen.

Dieser »Zwei-Sechsundachtziger« war mir nicht nur teuer – er wurde mir nach kurzer Zeit auch lieb. Fast sechs Jahre lang habe ich mit ihm gearbeitet, und nie hat er mich ernsthaft im Stich gelassen. Einmal versagte das Diskettenlaufwerk. Das ging noch auf Garantie. Und zweimal mußte ich die Lithium-Batterie auswechseln lassen, die sein internes Gedächtnis und die eingebaute Uhr speiste, wenn er abgeschaltet war. Das war normaler Verschleiß. Ansonsten allenfalls kleinere Mißgeschicke, die sich, nachdem sie glücklich überwunden waren, eher als lehrreich denn lästig erwiesen, aber nie der große Crash, die Katastrophe, das Verschwinden ganzer Texte oder halber Bücher auf Nimmerwiederfinden. Vielleicht habe ich Glück gehabt.

Heute, da nicht nur auf Fernsehmattscheiben, sondern auch auf Computerbildschirmen fortwährend bunte Bilder und Bildchen erscheinen, klingt es fast wie ein Märchen: aber auf dem Bild-Schirm meines ersten Rechners ist während der sechs Jahre, die ich an ihm arbeitete, nie etwas anderes zu sehen gewesen als bernsteinfarbene Schriftzeichen auf schwarzem Grund oder schwarze Schriftzeichen auf bernsteinfarbenem Grund! Einer Grafik noch am nächsten kam die doppelte Linie, die das Texteingabefeld meines Schreibprogramms einrahmte: zu ihrer Darstellung und zur Visualisierung der Buchstaben in gewöhnlicher, kursiver und fetter Schrift mußte die eingebaute Hercules-Karte ihre ganze Kraft aufbieten.

Nach drei Tagen der Unruhe

– des Ausprobierens, des Umlernens begannen die Vorteile des neuen Geräts auf meinem Schreibtisch zu überwiegen. Über der letzten Übersetzung, die ich auf der Schreibmaschine hergestellt hatte, war ich streckenweise in helle Verzweiflung geraten. Ich hatte mehr als üblich an meinem Text zu korrigieren gehabt. Durch zahllose kleine und größere Umstellungen und Abänderungen, die ich handschriftlich in mein Typoskript eintrug, war schließlich ein solches Drunter und Drüber entstanden, daß ich mir die Prosa nicht mehr, ohne zu stocken, selbst vorlesen und also auch nicht hören konnte, ob ihre Melodie und der Rhythmus so klangen, wie ich sie haben wollte. Um Überblick über meinen zerbesserten Text zu gewinnen, mußte ich ihn erst noch einmal abtippen.

Nun tut Abschreiben Texten, die im Entstehen sind, oft sehr gut. Aber das Abschreiben, das jene letzte Schreibmaschinenübersetzung erzwang, war über weite Strecken reine Straf- und Sklavenarbeit. Nachher stellte ich fest, was ich vorher schlechterdings nicht mehr hatte erkennen können: daß der Text über weite Strecken tatsächlich so war, wie ich ihn haben wollte.

Der immer gewährte klare Blick auf das eben Geschriebene, das bruchlose Einfließen der Korrekturen in den gleichsam flüssig und formbar gehaltenen Text, war für mich von Anfang an der große Vorteil des Computers gegenüber jeder Schreibmaschine. Daß dabei die jeweils verworfenen Formulierungen sogleich untergingen und sich nicht (oder nur auf umständliche Weise) erhalten und wie etwas Durchgestrichenes wiederbeleben ließen, erschien mir anfangs bedenklich. Aber viel verloren habe ich auf diese Weise nicht, und der Vorteil der Übersichtlichkeit überwog diesen Nachteil bei weitem.

Ein anderer, schwerer wiegender Nachteil des Schreibens am Computer kam für mich erst in Sicht, als ich auf der neuen Maschine nicht mehr nur übersetzte, sondern eigene Texte, ein erstes eigenes Buch, Radioessays, Aufsätze für Zeitungen schrieb. Der Übersetzer hat es mit der Inszenierung von fremden Wörtern, Sätzen, Formulierungen auf der Schaubühne seiner eigenen Sprache zu tun. Am Aufbau des Werkes, das er übersetzt, an der Abfolge von Szenen oder Abschnitten und selbst an der Aufteilung des Textes in einzelne Sätze verändert er in der Regel nichts, hält sich vielmehr an den Gang des Originals und den Bau, den es vorgibt.

Ganz anders derjenige, der einen neuen Text konzipiert und schreibt. Er formuliert nicht immer nur einen Satz nach dem anderen, er komponiert Abschnitte von oft größerem Umfang, er baut und baut um − und dies erfordert immer wieder den Blick auf das Ganze. Ein solcher Überblick ist nun bei entstehenden Texten ohnehin viel schwerer zu gewinnen als etwa bei einem entstehenden Gemälde. Aber vom Computer wird der Blick auf das Textganze noch weniger gewährt als von einem Typoskript. Das Mehr an Übersicht und Klarheit, das er auf der Ebene der Sätze, des Ausschnitts von zwanzig oder fünfundzwanzig Zeilen, die auf einem Bildschirm Platz finden, gewährt, das versagt er auf der Ebene der größeren Strukturen. Ein Gefühl für die Proportionen eines Textes ist tatsächlich viel besser auf dem Papier zu gewinnen, also durch Ausdrucken – und zwar nicht einmaliges, sondern oft mehrmaliges Ausdrucken in verschiedenen Stadien der Arbeit. So türmen sich neben dem Terminal auf meinem elektronischen Schreibtisch nach wie vor die Manuskriptstöße, und *nichts* ist es mit dem von der Computerindustrie einst verheißenen »papierlosen Büro«. Aber es war auch nicht diese Verheißung gewesen, deretwegen ich mich auf den Computer eingelassen hatte. Gegen Papier hatte ich nichts.

Riskantes Gerät

Friedrich Nietzsche ist wohl der erste Philosoph gewesen, der sich eine Schreibmaschine anschaffte – Anfang 1882. Von der Mechanisierung seines Schreibtischs erhoffte er sich Erleichterung beim Briefeschreiben. Sein Sehvermögen hatte stark nachgelassen, und seine Schrift war unleserlich geworden – für ihn selbst und für die Empfänger seiner Briefe. Größere Werke scheint Nietzsche auf dieser Maschine, die sich auch bald als tückisches Objekt erwies und schließlich ganz kaputt ging, nicht geschrieben zu haben, aber in einem Brief an seinen Freund Peter Gast formulierte er eine Einsicht, die über den therapeutischen Einsatz dieses Geräts hinausweist: »Unser Schreibzeug arbeitet mit an unseren Gedanken.«[1]

In einem Essay über »Dichter und ihre Schreibgeräte« hat Peter Härtling Nietzsches Diktum aufgegriffen und bis in die neueste Zeit fortgeschrieben: »Das

[1] Brief an Peter Gast, Ende Februar 1882, zit. n. Kittler, *Grammophon, Film, Typewriter*, Berlin: Brinkmann & Bose 1986, S. 293.

Schreibgerät beeinflußt unbezweifelbar das Schreiben selbst. Wer mit sich sträubenden Kielen schreibt, kommt langsamer und gegen mitunter verdrießliche Widerstände voran. Wer auf einer alten Hermes – wie ich eben – tippt, darf sich auf keinen Fall dem unstatthaft lauten, rhythmischen Gehämmer hingeben. Die Sätze blieben ohne Punkt und Komma. Die Prosa eines mit dem PC arbeitenden Poeten zeichnet sich für Kenner wiederum dadurch aus, daß sie unmerklich die Furcht vor dem Absturz prägt.«[2]

Tatsächlich verändert sich die Arbeit des Schreibenden, wenn er von der Schreibmaschine zum Instrumentarium der digitalen »Textverarbeitung« wechselt. Manches wird leichter, anderes verwickelter. Unübersichtlichkeit und Ordnung treten in ein neues Verhältnis zueinander – Beflügelung und Beschwernis ebenfalls. Daß aber nun alle am Computer erzeugte Prosa, für den Kenner erkennbar, von der Furcht vor dem Absturz geprägt sei, ist wohl eine Übertreibung. Auch jene Schreibenden, die im ausgehenden 19. und beginnenden 20. Jahrhundert vom Federhalter zur Schreibmaschine wechselten, sind wohl anfangs gleichsam geduckt, mit eingezogenem Kopf die auf neue, ungewohnte Weise erzeugten Zeilen ihrer Texte entlanggeschlichen – zumal die frühen Schreibmaschinen nicht nur den Blick auf den Buchstaben, der gerade geschrieben wurde, sondern auch auf den entstehenden Text selbst verwehrten.[3] Aber die anfängliche Ängstlichkeit wird mit zunehmender Übung verflogen sein – so wie auch die Ängstlichkeit im Umgang mit dem Computer, wenn man es nur

[2] Peter Härtling, »Federleicht oder doch etwas schwerer. Dichter und ihre Schreibgeräte«, in: Sabine Fischer (Bearb.), *Marbacher Magazin*, 69/1994. *Vom Schreiben 2. Der Gänsekiel oder Womit schreiben?* S. 3.
[3] Vgl. Kittler, S. 297ff.

halbwegs richtig anstellt, verfliegt. Ein »Restrisiko« allerdings bleibt. Keine Schreibmaschine hat sich für Stromausfälle oder grobe Bedienungsfehler je durch Verschlucken des bereits Getippten gerächt.

Nun war, wenn ich mich nicht irre, der Crash mit nachfolgender Texteinbuße schon zu der Zeit, als ich auf einem Bildschirm zu schreiben anfing, mehr ein gruseliger Mythos denn harte Wirklichkeit des Computeralltags. Ich vermute, er hat die Phantasie von Leuten, die sich nur in Gedanken mit dem PC abgaben, viel stärker strapaziert als die Nerven derer, die sich der Dienste dieses Geräts wirklich bedienten. Gewiß, unwiederbringliche Verluste sind vorgekommen, bei manchen häufiger, bei anderen seltener, auch bei mir. Sie kommen auch heute gelegentlich noch vor, obwohl die Gefahr des Untergangs größerer Datenmengen inzwischen durch verschiedene Vorkehrungen in den Programmen erheblich eingeschränkt ist – durch Sicherheitsabfragen, automatisches Abspeichern in regelmäßigen Zeitabständen, Abfallkörbe für gelöschte Daten, die selbst noch ein letzter Speicher sind. Aber es ist gar nicht allein und vielleicht nicht einmal in erster Linie die latente Furcht vor dem Absturz, die die Haltung des Schreibenden und damit auch seinen Stil am PC unmerklich prägen kann. Befangen machen ihn, und zumal, wenn er seine ersten Versuche auf der neuen Tastatur unternimmt, vor allem die kleineren, weniger folgenschweren, dafür aber häufiger auftretenden Fehler und Versehen oder die latente Furcht, sie zu begehen.

Dagegen hilft – oder half mir jedenfalls – *Spielen*. Spielen mit den Möglichkeiten, die das Schreibprogramm bietet: bei der Wahl verschiedener Schriftarten und Schriftgrade, bei der Gestaltung von Absätzen und Überschriften, beim Umgang mit Seitenzahlen, mit

Fußnoten, mit der Suchfunktion. Über dem Spielen und Ausprobieren verging bei mir nach und nach die Furcht vor fatalen Irrtümern, und mit der Übung wuchs die Zuversicht, ich könnte auftretende Schwierigkeiten auch meistern. Als Lohn der Angst stellte sich Unbeschwertheit ein – eine ungewohnte Leichtigkeit im Umgang mit Wörtern und Sätzen, von der ich mir über der Walze meiner letzten Schreibmaschine nichts hatte träumen lassen.

Ein alter Wunsch

Vor allem von Leuten, die beschlossen haben, sich vom Computer fernzuhalten, wird bisweilen der Verdacht geäußert, der PC mache es seinem Nutzer, auch dem Schreibenden, nicht nur leicht, sondern *zu leicht* – ein Einwand, den man nicht leichtnehmen sollte. Arbeit, auch die künstlerische, auch die des Schreibenden und des Schriftstellers, hat es immer mit Widerstand zu tun. Sie ist auf diesen Widerstand sogar angewiesen. Häuserbauen ist Arbeit, weil sich die Steine nicht von selbst in geordneter Weise auftürmen wollen – im Gegenteil: sie wollen nach unten, sie wollen fallen, und würden auch fallen, wenn man sie ließe. Der Maurer mauert gegen den passiven Widerstand der Baustoffe, ohne diesen Widerstand wäre er so arbeitslos wie ein Chefkoch im Schlaraffenland. Aber wenn schon sein Werkzeug, weil es nichts taugt, weil es schlechter ist, als es sein könnte, dem Maurer Widerstand entgegensetzen würde, könnte er seine Arbeit nicht in der angemessenen Weise tun.

Und der Schreibende? Mit welchem Widerstand hat er es zu tun? Mit welchem sollte er es aufnehmen?

Doch nicht mit dem, den ihm sein Schreibgerät entgegensetzt, sondern mit dem, den die Wörter leisten. Diese Wörter und in ihnen die Gedanken, Ideen, Bilder, verfügen sich, wie die trägen Mauersteine, nicht von selbst dahin, wo er sie in der geglückten Formulierung, in der gelungenen Szene haben möchte. Wenn er sie läßt, wie sie wollen, dann fallen sie immer wieder nur zu dem zusammen, was alle reden oder was sich von selbst versteht.

Leichtigkeit des Schreibens – mehr kann ein Schreibwerkzeug zur Arbeit und zur Inspiration des Schreibenden wohl nicht beitragen. Aber soviel sollte es beitragen. Jeder, der schreibt, nicht nur der Übersetzer und der Schriftsteller, wünscht sich einen im eigentlichen Sinne des Wortes hemmungslosen Umgang mit seinem Schreibgerät – einen flüssigen Duktus des Federkiels, der Feder, des Füllers, ein verläßliches, auf die geringsten Druckveränderungen eingehendes Fortgleiten der Mine des Stifts auf dem Papier, ein unbeschwertes Hüpfen oder Tanzen der Finger auf der Tastatur der Schreibmaschine oder des PC. Der Schreibvorgang, so wünscht sich jeder, der schreibt, möge in Vergessenheit geraten, damit alle Konzentration sich auf das richten kann, was da verfertigt wird.

Nachdem sich Hermann Hesse im Jahre 1908 eine Schreibmaschine gekauft hatte, eine »Smith Premier No.4«, noch mit separaten Tasten für große und kleine Buchstaben, berichtete er dem Schweizer Schriftsteller Jakob Schaffner, der ihm zum Kauf geraten hatte, von seinen ersten Erfahrungen: »Vor allem das Handgelenk! Früher tat mir nach einem fleißigen Tag die ganze Hand weh. Vielleicht hatte das ja sein Gutes, als ein Zuruf: Nicht zu viel! Aber Schreiben ist nun doch einmal unser Handwerk, und gegen das Zuviel sollte nicht der

Schmerz im Handgelenk, sondern der Kopf sich ver-
wahren.«[4]

Hesse hätte sich gewundert, wohin es mit den Erleichterungen für das Handgelenk im Laufe dieses Jahrhunderts noch kommen würde – zunächst durch Vervollkommnung der mechanischen Schreibmaschine,
dann durch die elektrische Schreibmaschine und
schließlich durch den Computer. Inzwischen wird die
physische Leichtigkeit des Schreibens anscheinend selbst
gelegentlich zum Auslöser körperlicher Beschwernisse.
Verschiedene Sehnenentzündungen mit komplizierten
medizinischen Namen, die vielschreibenden Händen
das Schreiben zur Qual oder sogar ganz unmöglich machen können, werden von manchen Ergonomen darauf
zurückgeführt, daß die PC-Tastatur und die Computer-
maus dem Druck der Finger zu wenig Widerstand entgegensetzen.

Schreibschwung und Schwerfertigkeit

Die physische Leichtigkeit des Schreibens ist nicht alles
und war für mich auch nicht der größte Vorzug des
elektronischen Schreibgeräts. Viel wichtiger war, wie
gesagt, und blieb die Leichtigkeit, mit der sich Texte am
Bildschirm korrigieren, verändern, verbessern lassen. In
einer Computerdatei bleibt Sprache flüssig und formbar. Eine solche Datei ist wie eine Schriftrolle, die sich
an jeder Stelle und zu jeder Zeit ohne viel Umstände
dehnen oder raffen läßt, ein wahrer Segen beim Formulieren und Komponieren – aber einer, der auch Tücken
von ganz besonderer Art in sich birgt.

[4] Zit. nach *Marbacher Magazin*, 69/1994, S. 61.

Da kann man nun also, wenn man den nötigen Schwung und den Mut dazu hat, unbesorgt ins Vorläufige schreiben. Da muß man sich nicht von jedem Tippfehler unterbrechen lassen. Da kann man die Korrektur getrost auf später verschieben. Da kann man sogar die Lösung ungeklärter Probleme, die Beschaffung und das Einfügen weiterer Einzelheiten auf später verschieben. Da kann man, wenn einen der Mut noch immer nicht verläßt, selbst das Auffinden der wirklich treffenden Formulierung hinausschieben und im Vertrauen auf künftige Einfälle über das Aussetzen der Inspiration einfach hinwegschreiben. Man kann! Ob man aber auch sollte, steht dahin. Zu viel Vorläufigkeit, zu viele Provisorien, zu viele Löcher, auch wenn sie, technisch gesehen, nachher leicht zu stopfen sein mögen, können einen Text so schlapp und instabil machen, daß er sich durch nachträgliche Operationen nie mehr von seiner schwächlichen Konstitution erholt.

Der PC stellt unsere Urteilsfähigkeit in literarischen Dingen vor neue und nicht immer leicht zu lösende Schwierigkeiten. Nicht nur Tippfehler sind am Bildschirm schwerer zu entdecken als auf dem Papier – auch konzeptionelle Mängel oder Defekte im Satzbau lassen sich hier oft schlechter erkennen als im ausgedruckten Text. Und wer sich von der Aura der Perfektion, die den Computer umgibt, blenden läßt, wer seinem Rechner über die physische Erleichterung des Schreibens und des Umgangs mit dem Geschriebenen hinaus einen Beitrag zu dessen qualitativer Vervollkommnung zutraut, der ist zur Leichtfertigkeit schon fast verführt.

Vor etlichen Jahren hat Klaus Wagenbach in einem Gespräch, das ich nicht vergessen habe, der Literatur, die sich mit dem Computer einläßt, eine ziemlich düstere und sich selbst eine ziemlich triste Zukunft prophezeit, insofern er als Verleger von zeitgenössischer Literatur ja der erste Leser und das erste Opfer all dieser leichtfertig auf den Bildschirm geschluderten Elaborate wäre, die sich von nun an mit schlotterndem Inhalt, aber in äußerlich perfekter Druckform über seinen Schreibtisch ergießen würden. Damals hatte ich meinen ersten PC noch nicht lange. Aber die Möglichkeit, Manuskripte nun im Blocksatz mit Randausgleich zu drucken, hatte auch ich schon als eine jener Segnungen, die keine sind, identifiziert und verworfen. In diesem Punkt war ich mit Klaus Wagenbach einer Meinung. Aber daß der Computer jeden, der sich seiner bedient, gleichsam automatisch zu einem Schnellschreiber machen sollte, das bezweifelte ich schon deshalb, weil ich zu dieser Sorte von Schreibern nicht gehören wollte, und ich mag es auch heute noch nicht glauben. Wohl geht vom Computer eine Verlockung zur Leicht-Fertigkeit aus, aber doch keine Nötigung. Der Computer kann im übrigen auch der »Schwer-Fertigkeit« gewaltig Vorschub leisten, indem er das Nochmal- und Nochmallesen begünstigt und zur Überarbeitung der Überarbeitung der Überarbeitung einlädt. Ich kann mir einen überskrupulösen Super-Perfektionisten vorstellen, für den der Computer zur unentrinnbaren Falle wird. Etwas besser und immer besser machen können und darüber gar nicht mehr fertig werden müssen – auch diese Versuchung kann von einer Maschine ausgehen, die dem Autor das Korrigieren so leicht und das Umherwandern in seinem gedeihenden Text so angenehm macht, daß er nicht mehr damit aufhören mag und darüber womöglich das letzte Ziel all seiner Spaziergänge aus dem Blick verliert, den Ausgang.

Seit zwölf Jahren habe ich nun meine Übersetzungen auf einem Computer geschrieben, und meine eigenen Bücher sind allesamt am Computer entstanden. Dem ersten hat mein erster Rechner sogar eine Art Anschub gegeben. Ich hatte jahrelang Material zu diesem Buch gesammelt, auch allerlei Formulierungen und einzelne Abschnitte mit der Hand oder der Schreibmaschine zu Papier gebracht. Der Entschluß, alles das auf die Festplatte zu nehmen, versetzte diese Aufzeichnungen in eine Bewegung, die erst wieder zur Ruhe kam, als das Buch, um vieles ergänzt und erweitert, schließlich fertig war. Damals und auch später bei den anderen Büchern habe ich mich immer wieder mal dessen zu vergewissern versucht: daß ich nicht einer jener leicht fertigen Schnellschreiber wäre, die Klaus Wagenbach gemeint hatte. Und daß über meiner Prosa, für den Kenner erkennbar, die Furcht vor dem Absturz *nicht* hängt, dessen bin ich mir inzwischen ziemlich sicher.

Fünf Mark in die Hand – noch ein Geständnis

Was aus jenem ersten Computer geworden ist, der mir so lieb und teuer war? Soll ich es sagen? Ich habe ihn nicht verkauft und nicht weggegeben, als ich mir nach sechs Jahren schließlich einen neuen, größeren, schnelleren und nach weiteren drei Jahren einen noch größeren, noch schnelleren Rechner zulegte: Der letzte hat übrigens am wenigsten von allen gekostet, trotz der allgemeinen Preissteigerungen. Dabei ist sein Arbeitsspeicher 60mal größer und auf seiner Festplatte lassen sich 125mal mehr Bytes unterbringen als in jenem ersten AT. Die Entwicklung der Computer ist rasch vor sich gegangen in diesen Jahren.

Den alten AT habe ich, nachdem er ausgedient hatte, in eine Plastikplane gehüllt, um ihn vor Staub zu

schützen, und auf ein abgelegenes Brett in einer langen
Bücherwand in meinem Arbeitszimmer gestellt. Er sollte mir als Ersatz dienen, falls der neue Rechner mal versagen würde. Aber dieser Fall trat nicht ein. Schließlich
kam mir der Gedanke, ich könnte ihn der Schule meiner Tochter stiften. Es vergingen noch einige Monate,
bis ich mich zu diesem Schritt endlich durchgerungen
hatte. Doch nun beschlich mich die Befürchtung, daß
bei den Informatiklehrern angesichts des veralteten
Geräts womöglich keine rechte Freude mehr aufkommen würde, vielleicht überhaupt keine Freude. Die
Peinlichkeit einer verlegenen Annahme oder einer dan-
kenden Ablehnung wollte ich nicht riskieren. Also ließ
ich meinen alten AT weitere Jahre auf seinem Regalbrett stehen.

Bis zum November 1997. Da holte ich ihn in einer
Anwandlung von Nostalgie hervor. Ich wollte noch
einmal von der bernsteinfarbenen Kargheit seines
Bildschirms kosten und sie mit dem fensterreichen, far-
benfrohen Grafikbarock vergleichen, das auf den Bildschirmen von heute zur unausweichlichen Normalität
geworden ist.

Ich wuchtete das schwere Gerät in seinem gepanzer-
ten Gehäuse auf einen Tisch, schloß Bildschirm und Tastatur an, sorgte für Stromzufuhr und schaltete ein. Ein
Zucken lief über den Bildschirm, ein kurzes Wetter-
leuchten, dann war da nur noch ein Punkt in der Mitte,
und nichts bewegte sich mehr. Keine Taste löste irgend
etwas aus. Plötzlich wußte ich, was geschehen war: Die
Lithiumbatterie, aus der sich das interne Gedächtnis
dieses Computers speiste, hatte sich erschöpft. Mein
persönliches Elektronengehirn hatte sich selbst vergessen, konnte sich auf seinen Festplattentyp, die Größe seines Arbeitsspeichers und all die anderen Ausgangs-

größen seiner selbst nicht besinnen und erst recht nicht auf das aktuelle Datum und die Uhrzeit. Eine neue Batterie hätte um die sechzig Mark gekostet, sofern ich den passenden Typ überhaupt noch bekommen hätte. Enttäuscht räumte ich den Rechner zurück in sein Regal. Er war wirklich alt geworden.

Ein paar Wochen später, während ich wieder einmal einen dieser verzweifelten Versuche unternahm, der Massen von Büchern, die sich, teils willkommen, teils unwillkommen, im Laufe der Zeit einfinden und anlagern, durch Umräumen und Aussortieren Herr zu werden, geriet ich an das Regalbrett, auf dem seit nun mehr als fünf Jahren der AT nichts weiter tat, als Platz in Anspruch zu nehmen: volle achtzig Zentimeter Bücherregal, Platz für zwölf beleibte Lexikonbände oder vierzig gewöhnliche Bücher unterschiedlicher Dicke. Ich brauche diesen Platz, dachte ich, ich brauche ihn dringend, und den Ehrgeiz, ein technisches Museum zu eröffnen, habe ich nicht.

Um es kurz zu machen – ich lud den schweren Kasten samt Bildschirm in mein Auto, ließ auch die Tastatur und die Maus nicht zurück und fuhr zu einer Abgabestelle für Sondermüll außerhalb der Stadt. Unterwegs begann ich zu grübeln, ob ich nicht gut daran getan hätte, auch die Gebrauchsanleitung und die Handbücher mitzunehmen, statt sie in die Papiermülltonne zu werfen. Falls in letzter Minute, auf dem Müllplatz, doch noch jemand auftauchte, der sich seiner annähme, würden ihm die Bücher nützlich sein.

Der Aufseher trat aus seinem Aufseherhäuschen. Ich hatte erwartet, mein alter Computer würde ihn beeindrucken. Er deutete nur auf eine freie Stelle zwischen ein paar alten Fernsehern. Dort stellte ich ihn ab, hochkant, obenauf die Tastatur und die Maus, beide sorgfältig mit dem eigenen Kabel umwickelt, daneben den Bildschirm. Bevor ich nach Hause zurückfuhr, drückte ich dem Aufseher fünf Mark in die Hand. Es war der Tag vor Silvester, und die Müllabfuhr hatte aus irgendeinem Grund in diesem Jahr bei uns nicht gesammelt. Aber eigentlich wollte ich den Mann vom Sondermüll mit meinem Trinkgeldopfer, ohne viel Worte zu machen, darum bitten, meinen alten, meinen ersten *word processor* möglichst sanft in den Untergang zu geleiten. Schließlich war er für mich das schon gewesen, was nach der Prophezeiung Dieter E. Zimmers der Computer erst noch werden wird – ein »zivilisierter Verbündeter« der Schreibenden und der Schriftkultur.[5]

2. Am Bildschirm schreiben

Erst das Spiel und dann die Arbeit

Anfangen ist immer schwierig – das Schreibenanfangen zumal, auch am Bildschirm. Während Computer und Schreibprogramm für die Überarbeitung von Texten allerlei wirkliche Erleichterungen bieten, wird es dem, der auf dem Tastenfeld zwischen Esc und Enter, Strg und Pause zu tippen beginnt, vor dem Bildschirm um nichts einfacher gemacht als anderswo. Inspiration ist vom elektronischen Schreibzeug nicht zu erwarten, wohl aber, daß es der Inspiration, die ins Gehen kommen will, möglichst wenig Hindernisse in den Weg legt.

Ohne Selbstbeteiligung ist in dieser Hinsicht jedoch kaum etwas zu gewinnen. Nach dem Anschalten kommt

[5] Dieter E. Zimmer, »Textcomp.Doc. Die Elektrifizierung des Schreibens«, in: D.E.Z., *Die Elektrifizierung der Sprache. Über Sprechen, Schreiben, Computer, Gehirne und Geist,* München: Heyne 1997, S. 54.

nicht das Loslegen. Es folgt vielmehr das Kopfschütteln, das Rätselraten, das Herantasten, das Ausprobieren, das Erkunden, das Üben, das Spielen. Gut angewendet ist die Zeit, die man sich nimmt, um eine gewisse Sicherheit und Übung im Umgang mit den Funktionen zu erlangen, welche fortan Grundlage aller Schreibereien am Bildschirm sein werden. Wissen, wie sich die Zeichen, die man benötigt, der Tastatur entlocken lassen. Wissen, wie sich das Aussehen der Schrift und das Erscheinungsbild des gesamten Textes nach eigenen Wünschen gestalten lassen und wie solche gestaltenden Eingriffe noch einmal zu verändern oder wieder rückgängig zu machen sind. Wissen, wie Texte überarbeitet, gelöscht, gedruckt, auf der Festplatte oder einer Diskette gespeichert und aus dem Speicher wieder an den Bildschirm geholt werden können. Wissen, wie und wo bei Versehen, Fehlern, Nichtweiterwissen, unerklärlichen Phänomenen, vermeintlichen oder wirklichen Katastrophen Hilfe zu erlangen ist.

Das sind die Grundlagen. Ihr Erwerb schafft ein erstes Vertrauen zu der Maschine, der man künftig Ideen, Formulierungen, Texte auszuliefern gedenkt, und ein erstes Vertrauen in die eigene Fähigkeit, mit dieser Maschine zurechtzukommen. Blind sollte dieses Vertrauen nie werden. Aber eine sehende Art von Vertrauen ist wohl eine notwendige Voraussetzung für unverzagtes Anfangen. Ständige Furcht vor eigenen Fehlgriffen und den Tücken des Apparats lähmt die Unbeschwertheit, die nötig ist, damit die Arbeit in Gang und das Schreiben in Fluß kommen. Deshalb sollte man im Umgang mit dem Computer eine elementare Lebensregel getrost außer Kraft setzen und umkehren: Erst das Spiel und dann die Arbeit.

Dies übrigens nicht nur am Anfang, wenn der Computer auf dem Schreibtisch noch neu und ungewohnt ist, sondern auch später, wenn sich erste Erfahrungen gesammelt und manche Gewohnheiten ausgebildet haben. Denn wie im Leben, so auch im Umgang mit dem PC: man lernt nicht aus. Mit der Unüberschaubarkeit seiner vielfältigen Funktionen und Einsatzmöglichkeiten – das heißt, mit der eigenen Unwissenheit – muß zurechtkommen, wer sich mit ihm einläßt. Vielleicht vermag die bekannte Einsicht eines alten Griechen manchen aufzurichten, den die eigene Unwissenheit angesichts einer allenfalls zu erahnenden Fülle ungenutzter und für den einzelnen Nutzer vielfach nutzloser Funktionen irritiert: »Ich weiß zwar auch nichts, genau wie ihr, aber das immerhin weiß ich.« Zumindest in dieser Hinsicht hätte Sokrates mit dem Computer keine Schwierigkeiten gehabt.

Anfangen

Anfangen heißt: das Unvollkommene zulassen. Schreibenden Leuten, die womöglich etwas Vollkommenes im Sinn haben, fällt oft gerade dies schwer. Schwierigkeiten beim Umgang mit dem Vorläufigen sind, wie es scheint, eine der häufigsten Ursachen für den *writer's block*. Zur Falle wird dem Schreibenden die Idee, jene erstrebte Vollkommenheit, wenn sie denn überhaupt zustande kommt, müsse und werde sich sofort zeigen oder wenigstens andeuten. Erweist sich nun aber das, was da in Erscheinung tritt, die ersten Wörter, die ersten Sätze, wie es kaum anders sein kann, als unvollkommen, so glaubt der Schreibende, dieser Anfang müsse, bevor es mit dem Schreiben weitergehen kann, erst einmal vervollkommnet werden. Das Bearbeiten soll also losgehen,

ehe überhaupt etwas geschrieben dasteht, das sich sinnvoll bearbeiten ließe, und über dieser Unmöglichkeit
setzt jenes Grübeln ein, das oft zu gar nichts führt.[6]

Das Unvollkommene zulassen bedeutet natürlich
nicht, es für immer so zu lassen, wie es anfangs daher-
kommt. Das Unvollkommene soll sich entwickeln, es
soll und muß entfaltet und gehoben werden. Dazu bedarf es aber möglicherweise und vor allem am Anfang
der Abschirmung. Schon immer ist es vielen Schreibern
ratsam erschienen, nicht vor der Zeit über Vorhaben zu
sprechen, nicht voreilig aus entstehenden Entwürfen zu
lesen, Manuskripte nicht verfrüht aus der Hand zu geben. Als nützlich können sich insbesondere Vorkehrungen erweisen, die verhindern, daß das unvollkommene
Neue zu früh oder zu direkt auf das vermeintlich oder
tatsächlich Vollkommene trifft und im Kontrast mit diesem in die Gefahr gerät, gleichsam an der eigenen Un-
ansehnlichkeit zugrunde zu gehen. Hermann Hesse hat
selbst weiße Blätter wegen ihrer Makellosigkeit zuwei-
len als Risiko für seine Entwürfe angesehen und lieber
benutztes Papier auf der freien Rückseite noch einmal
benutzt: Kalenderblätter, Verehrerpost, Verlegerbriefe,
Abrechnungen, Todesanzeigen, Druckfahnen: »Das ›benutzte‹ Blatt in seiner Vorläufigkeit macht den Schreibenden sicher.«[7]

Das Unfertige, in seinen Anfängen Steckende, not-
wendigerweise Unvollkommene hat es seit jeher nicht
leicht, sich in einer Welt zu behaupten, die immer fertig
und vollkommen oder zumindest fertiger, vollkomme-

[6] Eine umfangreiche Sammlung von erhellenden Antworten schreibender Zeitgenossen auf die Frage, wie sie mit ihrem persönlichen *writer's block* zurechtkommen, findet
sich im Internet unter der Adresse: *http://www.inkspot.com/poll/poll1results.html*
[7] »Das weiße Blatt oder Wie anfangen? Vom Schreiben 1«, *Marbacher Magazin*
68/1994, bearbeitet von Friedrich Pfäfflin, S. 26f.

ner und gefestigter als das Neue zu sein scheint. Aber wo das Unfertige in einem Computer entsteht oder, kaum daß es im Kopf, im Sitzfleisch oder in den tippenden Fingerspitzen entstanden ist, in einen solchen gespeist wird und mit seiner Hilfe vorangebracht werden soll, da wird es diesem Unfertigen in gewisser Weise besonders schwergemacht. Immerhin ist der Computer eines der großen, vergleichsweise wenig umstrittenen Vollkommenheitswahrzeichen unseres Zeitalters, und noch von jedem Bildschirm, von jeder »Benutzeroberfläche« fällt ein Abglanz dieser Vollkommenheit auf uns und unser Treiben. Vor ihm ist das unvollkommene Entstehende nicht abzuschirmen.

Der Versuchung zur Leichtfertigkeit zu widerstehen und die erste Formulierung nicht auch schon für die beste zu halten, macht sicherlich eine der Schwierigkeiten aus, mit denen es der Schreibende am Bildschirm zu tun bekommt. Ebenso groß, vielleicht sogar noch größer scheint mir aber eine andere Schwierigkeit zu sein. Der Computer in seiner perfekt anmutenden Präsenz kann den Schreibenden befangen machen und hemmen, indem er jeden Anflug von Leichtigkeit und Leichtfertigkeit unterbindet, indem er loses Gerede, lockeres Geschreibe grundsätzlich nicht als das nimmt, was es noch ist. Hingeschmiertes akzeptiert er nicht, kämmt das, was auf dem Papier sowohl dem Erscheinungsbild als auch dem Gedanken nach *kraus* wäre, automatisch, weil er nicht anders kann, zu regelmäßigen Strähnen aus säuberlichen Zeichen, zieht auch den abgerissensten Formulierungen sogleich das Sonntagsgewand des vorzüglichen Schriftbildes an. Der Schreibende, der dem Computer sein loses Gesudel überspielt, könnte aus dieser wie selbstverständlich vorgenommenen grafischen und typografischen Aufbesserung die gouvernantenhafte Ermahnung herauslesen, er, der Schreibende, möge sich seiner bevorzugten Stellung vor einem derart erlesenen Schreibwerkzeug würdig erweisen und bei der Eingabe von Anfang an mehr Niveau, mehr schreiberischen Anstand zeigen – und befände sich damit möglicherweise schon auf dem kürzesten Weg zum nächsten *writer's block*.

Auf derart schwankendem Boden muß jeder die eigene Gangart und den eigenen Weg selbst finden: wieviel Disziplin von Anfang an man sich abverlangt, wieviel Auslauf und Vorläufigkeit man sich gestattet, wie man die eigene Arbeit im Kopf und auf dem Schreibtisch so ordnet und anordnet, daß sich Hinschreiben und Vervollkommnen nicht ineinander verkeilen. Wichtig scheint mir zu sein, daß der Computer als Instanz möglichst bald degradiert wird. Es ist nicht an ihm, Niveau einzufordern oder zu diktieren, wie mit ihm umzugehen sei. Er soll offen sein für alles, was der Fall sein wird, für alles, was sich einstellen wird, für alles, was zuwege gebracht werden wird. Er soll sein wie ein weißes Blatt – eine Einladung zu allem Möglichen. Weder lädt so ein weißes Blatt zum Gesudel ein, noch widersetzt es sich ihm. Nicht sein Schreibzeug bewahrt den Schreibenden vor der Leichtfertigkeit, sondern sein Schreiben. Nicht sein Schreibzeug bringt ihn der Vollkommenheit näher, sondern sein Schreiben.

Weitermachen

Auch bei der Arbeit an größeren, verschachtelten Projekten, längeren Aufsätzen, ganzen Büchern, und selbst bei kürzeren Texten scheint es mir oft nötig, das Entstehende, den Anfang eines neuen Abschnitts oder Absatzes, gegen das bereits Vorhandene abzuschirmen. Was schon dasteht, ist zwar noch keineswegs vollkommen, aber es hat doch einen höheren Grad von Fertigkeit erreicht, ist bearbeitet oder im Überfliegen hier und da verändert worden, und übt nun, so kommt es mir vor, auf das, was neu hinzukommen und angefügt werden soll, einen sonderbaren Druck aus. Als müßte sich dieses neu Hinzukommende schon bei seinem ersten Auftreten dem Vorhandenen gewachsen oder ebenbürtig erweisen. Das aber gerät nicht selten zu einer Selbstüberforderung und mündet in Befangenheit.

Oft helfe ich mir, indem ich an einem neuen Teilstück, solange es noch im Stadium des Entwurfs, des Ideen- oder Bilderfindens ist, in einem eigenen Fenster, einer gesonderten vorläufigen Datei arbeite, womöglich einer, die anfangs nicht einmal einen Namen bekommt, also ungespeichert bleibt und mit einem einzigen Tastendruck wieder zum Verschwinden gebracht werden könnte. Wörter, Sätze, Formulierungen stellen sich dann gelegentlich unbeschwerter ein. Später müssen sie sich allerdings bewähren und müssen stabilisiert und mit dem größeren Komplex des entstehenden Projekts verbunden werden. Davor jedoch liegt die Zeit des Ausprobierens, in der sich zeigt, ob sich etwas zeigt.

Im übrigen wird das Papier vom elektronischen Schreibtisch ja nicht verbannt. Abwegig wäre es, so scheint mir, nach der Installation und Inbetriebnahme von elektronischem Gerät auf dem eigenen Schreibtisch als Aufgabe oder Ziel ins Auge zu fassen, fortan alles, was auf diesem Schreibtisch getan werden soll, möglichst ausschließlich mit elektronischen Mitteln zu tun. Nichts muß auf elektronischem Wege verrichtet werden. Stift und Papier werden nicht aufhören, gute Dienste zu leisten. Stichworte, Einfälle, Formulierungen, die sich während des Schreibens am Bildschirm einstellen, aber in dem gerade bearbeiteten Text ihren Platz nicht haben, sind meist leichter auf einem Zettel festgehalten als in einer zweiten Notizendatei oder einem Notizbuchprogramm. Gliederungen, Konstruktionsskizzen, Abläufe lassen sich auf dem Papier oft besser entwerfen als am Bildschirm.[8] Auch zu Wortspielereien, zum Reime- oder Titelfinden taugen Stift und Papier oft besser als der unter fast absolutem Zeilenzwang stehende Computerbildschirm. Und unentbehrlich ist das Papier bei der Materialisierung des Geschriebenen zwecks Prüfung und Beurteilung, Überarbeitung und Korrektur. Selbst das vermeintlich stupide, erneute Abtippen eines elektronisch geschriebenen und schon einmal ausgedruckten Textes kann hilfreich sein, wenn sich dieser Text aus irgendwelchen Gründen gegen die Überarbeitung mit den Mitteln des Schreibprogramms sperrt und partout zum zweiten Mal den Weg durch die Finger nehmen will.

[8] Ein Programm, das hinter stromlinienförmiger, auf Managerköpfe abzielender Aufmachung interessante Möglichkeiten bietet, scheint mir einen Hinweis wert: mit »Mind Manager ™« lassen sich quer zum Zeilenzwang des Computerbildschirms Stichwörter und Notizen erzeugen, verschieben, strukturieren, gruppieren, umbauen. Das Programm beruht auf den uralten Techniken der *ars memoria*, auch wenn ein gewisser Tony Buzan erklärt, das Prinzip der »Mind Map« und des »Mind Mapping« erfunden zu haben, und Copyright-Ansprüche darauf erhebt. Wie dem auch sei – das Programm scheint zum Sammeln und Sortieren von Ideen, zum Planen von Projekten, Vorträgen und Aufsätzen durchaus nützlich. An ein zentrales »Thema« lassen sich beliebige Äste mit Stichwörtern und an diese wiederum Verzweigungen mit Unterstichwörtern anbauen. Diesen Stichwörtern lassen sich Textnotizen zuordnen, und alles bleibt am Bildschirm veränderlich. Eine »Mind Map« läßt sich nicht nur als Grafik ausdrucken – man kann sie auch, nachdem man die Reihenfolge der Äste bestimmt hat, als linearen, gegliederten Text samt den Notizen in ein Schreibprogramm übernehmen und dort weiterbearbeiten. Nähere Informationen finden sich im Internet unter: *http://www.mind manager.de* und auf der »Creativity Homepage« unter der Adresse: *http://www.ozemail. com.au/~caveman/Creative/index.html*

Aufhören

Walter Benjamin empfahl »die saubere Abschrift des Geleisteten« als wirksames Mittel zur Kräftigung der erlahmenden Eingebung.[9] Im Angesicht des Computerbildschirms, auf dem sich der Text, so oft er auch verändert wurde, stets sauber und übersichtlich darstellt, wirkt dieser Rat um einiges gealtert, aber veraltet ist er nicht. Ihm an die Seite läßt sich der Hinweis stellen, daß auch die konzentrierte Lektüre und Überarbeitung des Geleisteten am Bildschirm und auf dem Papier Kräfte freisetzen kann, die das Schreiben und Konzipieren weiterbringen und der ins Stocken geratenen Inspiration auf die Sprünge helfen können.

Nach wie vor nicht gut beraten ist, wer das Aussetzen oder Erlahmen der Inspiration zum Zeichen dafür nimmt, daß es Zeit wird, die Arbeit zu beenden. Der Wiederbeginn nach einem solchen erzwungenen Abbruch kann sehr viel mehr Kraft kosten, als bei überlegtem, planvollem Aufhören aufzuwenden ist. Nicht sich ausschreiben, bis der Vorrat an Kraft, an Einfällen erschöpft ist, sondern die Arbeit fortsetzbar erhalten, an einem gewählten Punkt *vor* dem Versiegen der Inspiration aufhören, an einem Punkt, an dem man einigermaßen genau weiß, wie es weitergehen soll. Oder den letzten Rest von Kraft darauf verwenden, einen Pflock einzuschlagen, an dem sich bei der Wiederaufnahme der Arbeit anknüpfen läßt.

Wenn es mir gelingt, die nötige Disziplin aufzubringen, schließe ich mein Tagewerk mit einer lockeren,

---

[9] »Das Aussetzen der Eingebung fülle aus mit der sauberen Abschrift des Geleisteten. Die Intuition wird darüber erwachen.« »Ankleben verboten! Die Technik des Schriftstellers in dreizehn Thesen«, in: W.B., *Einbahnstraße* [1928], Frankfurt: Suhrkamp 1955 (Neuaufl. 1969), S. 48.

vorläufigen Aufreihung von Stichwörtern für den weiteren Fortgang, versuche, mir ein nächstes Etappenziel zu setzen. Manchmal wachsen sich diese Stichwörter, die doch nur den Abschluß bilden sollten, noch einmal zu Versuchsformulierungen für neue Ideen aus. Ich notiere sie am Ende der digitalen Schriftrolle, an der ich gerade arbeite. Am nächsten Tag finde ich sie dort und mit ihnen, wenn alles gutgeht, den Anschluß, den Einstieg, erstes Spielmaterial.

Übersetzen am Bildschirm

Beim Übersetzen kommen die Vorteile, die der Computer dem Schreibenden zu bieten vermag, das Flüssigbleiben des Textes, die leichte Korrigierbarkeit, die Möglichkeit, Nachträge und Antworten auf offene Fragen später einzufügen, besonders unvermischt zur Geltung, während einige der Nachteile, vor allem die mangelhafte Übersicht beim Konzipieren, Komponieren und Proportionieren eines Textes weniger ins Gewicht fallen. Im allgemeinen nehmen die Übersetzer ja keinen Einfluß auf die Großstrukturen ihres Textes, sondern begnügen sich damit, ihn Satz für Satz in ihrer eigenen Sprache neu zu formulieren.

Nicht nur die meisten Übersetzungen, auch die Mehrzahl der zu übersetzenden Originale werden inzwischen auf elektronischem Wege mit Hilfe von Computern erzeugt. Im Prinzip gibt es also zu vielen Übersetzungen irgendwo auf dieser Welt den digitalen Originaltext. Ob sich allerdings der Aufwand lohnt, ihn in Gestalt einer Diskette oder auf dem in jedem Fall erheblich kürzeren Weg der elektronischen Post herbeizuschaffen, wird man von Fall zu Fall und natürlich auch im Hinblick auf den eigenen Arbeitsstil entscheiden müssen. Technisch betrachtet, ist es ohne weiteres möglich, einen originalen Text, den man sich auf den Bildschirm geholt hat, in einem zweiten Fenster an diesem gleichen Bildschirm auch zu übersetzen. Meine eigenen Versuche mit diesem Verfahren waren allerdings nicht sehr ermutigend. Mir fehlte dabei die Möglichkeit der Vorbereitung: das bequeme Notieren von Formulierungsideen und Vokabeln an einen Manuskriptrand oder zwischen die Zeilen. Aber auch wenn der elektronische Originaltext beim Übersetzen nicht direkt als Vorlage verwendet wird, sollte man ihn sich, falls eben möglich, beschaffen oder vom Auftraggeber beschaffen lassen, und sei es nur, um die Möglichkeit zu haben, am Computer rasch darin zu blättern oder nachzuschlagen und Begriffe oder Sachzusammenhänge aufzusuchen. Bei Sachbüchern kann es außerdem durchaus sinnvoll und kräftesparend sein, bestimmte Textteile aus dem Original zu übernehmen und sie am Bildschirm in geeigneter Weise zu überarbeiten und zu ergänzen, statt sie völlig neu zu schreiben: ein aufwendiges Literaturverzeichnis zum Beispiel oder die Stichwortliste eines Sach- oder Namenregisters, vielleicht auch Zitate, die das fremdsprachige Original in der Sprache der Übersetzung enthält, oder solche, die es selbst in einer fremden Sprache zitiert.

Für meine Übersetzungsarbeit hat es sich als nützlich erwiesen, größere Projekte, lange Aufsätze und ganze Bücher, jeweils mit einigen ergänzenden Dateien zu umgeben. Wo viele Zitate gesucht und abgeschrieben oder bei gehöriger Länge vielleicht auch mit dem Scanner erfaßt und anschließend überprüft werden müssen, da trenne ich das Bücherwälzen gelegentlich vom Übersetzen und sammle solche Zitate vorher in einer eigenen Datei, aus der ich sie dann in den entstehenden Text einfüge. Eine Datei mit offenen Fragen, die ich mir in ihrer jeweils neuesten Gestalt vor dem Gang in die Bibliothek ausdrucke oder rasch an den Bildschirm hole, wenn ich unerwartet eine auskunftswillige Person am Telefon habe, ist mir oft ebenso nützlich wie Listen von Vokabeln, Begriffen, Synonymen oder Wortfeldern, die zur Vereinheitlichung der Terminologie oder zur Bereicherung der Sprachkraft oder Bildlichkeit eines Textes beitragen können.[10]

Überarbeiten und Korrigieren

Solange Texte im Computer stecken, bleiben sie flüssig und formbar, nicht nur im Kleinen, auf der Ebene der Sätze und Absätze, sondern auch im Großen, auf der Ebene der Abschnitte und Kapitel. Eine günstige Voraussetzung für die praktische Nutzung der Möglichkeiten, die sich hieraus ergeben, ist natürlich eine gewisse Routine im Umgang mit den Verfahren zur Bewegung der »Einfügemarke«, auch »Cursor« genannt, innerhalb eines Textes, zur Auszeichnung oder Markierung und zum Löschen bzw. Verschieben von Textelementen (vgl. S. 227 ff.). Fast alle diese Operationen lassen sich wahlweise mit der Maus oder mit der Tastatur bewerkstelligen. Auch gemischter Einsatz beider Geräte ist jederzeit möglich.

Die Maus erlaubt ein besonders rasches Versetzen des Cursors innerhalb des Bildschirmfensters, auch rasches Markieren von Textteilen, und ist bei der Bedienung der

[10] Von der Unterstützung, die der Computer den Übersetzern und überhaupt all denen zu bieten vermag, für die zum Schreiben auch das Nachschlagen und Recherchieren gehört, wird weiter unten in den Abschnitten über nützliche Silberscheiben (S. 106 ff.) und über das Internet (S. 122 ff.) die Rede sein.

grafisch aufbereiteten Programme mit ihren zahlreichen Symbolen, Rolladen-Menüs, Schaltflächen und Auswahlfeldern unentbehrlich. Sie entlastet die Merkfähigkeit des Benutzers, der sich die Tastaturbefehle für alle von ihm benutzten Funktionen wohl kaum merken kann. Andererseits heißen die Tastenkombinationen im Englischen nicht zufällig *shortcuts*, also »Abkürzungswege«. Sie sind tatsächlich oft schneller gedrückt und fügen sich organischer in das ein, was die schreibenden Finger ohnehin die meiste Zeit tun – Tasten drücken.

Außerordentlich hilfreich und empfehlenswert erscheint mir das als »Drag&Drop« (Ziehen und Fallenlassen) bezeichnete Verfahren zum Verschieben von Textelementen (vgl. dazu S. 232 f.). Die Mühe, die die Handhabung der Maus hierbei anfangs wahrscheinlich macht, wird ihren Lohn bald abwerfen. Das Überarbeiten von Texten besteht ja zu einem ganz erheblichen Teil aus dem Umstellen von Wörtern, Satzteilen und Sätzen. Wirklich brauchbar ist das »Drag&Drop« beim Umbauen von Formulierungen allerdings nur, wenn der Verschiebeweg innerhalb des Textausschnitts liegt, der am Bildschirm sichtbar ist. Es ist zwar möglich, ein mit der Maus ergriffenes Textelement über den oberen oder unteren Bildschirmrand hinauszuziehen – die elektronische Schriftrolle kommt dabei jedoch so sehr ins Laufen, daß das Auffinden des Zielpunkts der Verschiebung und das gezielte Ablegen leicht zum Glücksspiel oder zur Quälerei oder ganz unmöglich wird. Für weitläufigere Verschiebungen und auch für das Verschieben größerer Textblöcke erweist sich der gemächliche Weg über die Zwischenablage[11] als der bessere.

[11] Für alle Windows-Programme gilt: Das Element, das verschoben werden soll, markieren, dann **Bearbeiten ⇒ Ausschneiden** (Strg+X), den Cursor an die Einfügestelle bringen und **Bearbeiten ⇒ Einfügen** (Strg+V).

Überarbeiten, Streichen und Umstellen zielen auf Gewinn, auf ein Mehr an Prägnanz und Präzision, an Richtigkeit und Glanz und manchem mehr. Bei dieser Art von Gewinn geht immer auch etwas verloren – Verfehltes, Abwegiges, Halbgelungenes, nicht zur Sache Gehöriges. Demjenigen, den der Mut zum Schneiden und Umbauen im Stich zu lassen droht, weil er unwiederbringliche Verluste fürchtet, bieten sich verschiedene Möglichkeiten, Varianten, Fassungen, Vorstufen, Textreste gesondert vom Haupttext aufzubewahren, von denen im nächsten Kapitel (S. 61) noch die Rede sein wird. Und demjenigen, der sich beim Ändern und Umformulieren vergaloppiert hat, der im redaktionellen Übereifer Löcher in Satzgebilde gerissen hat, die plötzlich noch weniger haltbar erscheinen als zuvor, während die Erinnerung an die genaue Stellung der Wörter und Sätze vor der Verschlimmbesserung bereits verblaßt ist, dem bietet der Befehl »Rückgängig«[12] die Möglichkeit, schrittweise und oft über viele Stufen bis zu dem Punkt zurückzugehen, wo der Irrweg von der Ideallinie abzweigte, und dort neu anzusetzen.

Der Computerbildschirm erweitert unsere Möglichkeiten beim Überarbeiten von Texten. Er erleichtert das Redigieren und Korrigieren ungemein. Zugleich jedoch behindert er uns auch – indem er sich, so groß er auch sein mag, immer als zu klein erweist (vgl. S. 161 ff.) und indem er uns beim Auffinden und Erkennen dessen, was der Korrektur oder der Überarbeitung bedarf, blendet. Selbst umsichtige Leute sind am Bildschirm gegen Verzerrungen der eigenen Wahrnehmung nicht gefeit. Die makellose äußere Form, die perfekte Präsenta-

---

[12] In Word 97 im Menü **Bearbeiten** ⇒ **Rückgängig** oder auf der Standardsymbolleiste der nach links geschwungene Krummpfeil.

tion, das stets saubere Schriftbild können dem Geschriebenen einen Anschein von Vollendung oder Fertigkeit verleihen, den es bei gelassener Betrachtung noch längst nicht besitzt.

Verlagslektoren und Korrektoren, auch Autoren, denen ihre Verlage vor dem Druck ihrer Bücher Korrekturabzüge zustellen, haben es beim »Fahnenlesen« mit ganz ähnlichen Schwierigkeiten zu tun. Der gesetzte, zur Korrektur ausgedruckte, heute meist auch schon umbrochene, der späteren Buchseite also sehr ähnliche Text kann den Fehlerblick leicht trüben. Er wirkt perfekter, als er ist, und wer die allemal noch vorhandenen Mängel darin aufdecken und beheben will, muß ihn gegen diesen Anschein von Vollendung lesen.

Auch der Computerbildschirm behindert den Fehlerblick. Es scheint eine allgemeine Erfahrung zu sein, daß Satz- oder Tippfehler auf dem Bildschirm schwerer zu erkennen sind als auf dem Papier. Noch bedenklicher ist, daß der Anschein von Vollkommenheit, den der Computer erweckt, auch die Sicht auf konzeptionelle Unzulänglichkeiten, auf Ungereimtheiten der Darstellung, auf Weitschweifigkeit, unbeabsichtigte Wortwiederholungen erschwert und die Wachsamkeit gegenüber schwachen Formulierungen einschläfern kann. Der mit elektronischer Hilfe entstandene Text ist also »gegen« sein Erscheinungsbild zu lesen – am Bildschirm und immer wieder auch auf dem Papier.

Ich habe eben (am 22. Juni 1998) probeweise einmal das Kapitel »Schreiben am Bildschirm«, das ich nun seit einigen Tagen an meinem Bildschirm schreibe, mit der Rechtschreibkorrektur von Word 97 geprüft. Der einzige Tippfehler, der auf diese Weise noch zutage gefördert wurde, war in der ersten Zeile des vorigen Absatzes ein kleines »f« in »Fehlerblick«, das ich übersehen hatte. Andere orthographische Schnitzer hatte ich bei früherem Nachlesen und Überarbeiten wohl selbst schon gefunden. Und wieder andere wird die Korrekturautomatik vermutlich nicht gefunden haben. Als falsch, ersetzungsbedürftig, unbegreiflich oder unbekannt kennzeichnete Word während des Korrekturdurchgangs nicht nur Eigennamen (»Sokrates«) und mutwillige Prägungen wie »Nichtweiterwissen«, »Schreibereien«, »Notizendatei« oder »Titelfinden«, sondern auch die folgenden nicht eben ungebräuchlichen Vokabeln: »Herantasten«, »Nutzer«, »Abschirmung«, »Verehrerpost«, »Vorläufigkeit«, »vorangebracht«, »Gesudel«, »gouvernantenhafte«, »Ausprobierens«, »Materialisierung«, »fortsetzbar«, »unaufwendig«.

Nicht so sehr mit den eigenen Fehlern bekommt man es zu tun, wenn man die integrierte Rechtschreibprüfung in Gang setzt, als vielmehr mit den Grenzen und unvermeidlichen Lücken des Thesaurus, der vom Schreibprogramm zum Zeichenkettenvergleich herangezogen wird.[13] Wer viele Flüchtigkeitsfehler macht, dem nützt die Hilfe vielleicht mehr, als daß sie ihn behelligt. Wer nichts unversucht lassen will, eigene Fehler aufzuspüren, mag die automatische Rechtschreibkorrektur als zusätzliche Stütze begrüßen. Er sollte sich nachher aber nicht in falscher Sicherheit wiegen. Fehlerfreiheit garantiert diese Automatik nie und nirgendwo. Mit Kommas befaßt sie sich, wie es scheint, grundsätzlich nicht. Ob es an einer Stelle »das« oder »daß« oder gar »dass« heißen muß, vermag sie nicht zu

---

[13] Es ist zwar möglich, diesem Thesaurus neue Wörter hinzuzufügen, die fortan ebenfalls erkannt und mitgeprüft werden. Ich fürchte jedoch, wer sich darauf einläßt, der versucht, ein Faß ohne Boden zu füllen.

bestimmen. Mit welchem Kasus das Wort *wegen* konstruiert wird, ist ihr Wurst. Und besonders lästig wird sie, wenn man zuläßt, daß sie einem während des Schreibens aus dem Hintergrund des Bildschirms zuschaut, sofort unterschlängelt, was ihr fehlerhaft erscheint, z.B. das Verb »unterschlängeln«, und mit Verbesserungsvorschlägen aufwartet – statt *Shoa*: »Show«.

Korrekturlesen ist deshalb ein so tückisches Geschäft, weil man am Ende nie sicher sein kann, alle Fehler gefunden zu haben. Keine Prüfzahl, keine Probe, keine Quersumme garantiert die Korrektheit des Resultats der fleißigen Bemühungen – die integrierte Rechtschreibprüfung des Schreibprogramms am allerwenigsten. (Vgl. auch S. 144) Es hilft nichts: Die Verantwortung für die Fehlerlosigkeit oder Fehlerarmut eines Textes läßt sich so wenig an die Maschine delegieren wie die Verantwortung für seinen sprachlichen oder gedanklichen Reichtum.

3. Im Dschungel der Dateien

auf der eigenen Festplatte kann sich jeder verirren, der einen Schritt hineinwagt oder auch nur einen längeren Blick durch dieses oder jenes Windows-»Ordnerfenster« auf das riskiert, was die Programme bei ihrer Installation auf der Festplatte hinterlassen. Die meisten Computerprogramme bestehen aus einer größeren Zahl von Dateien, denen nach der Installation inmitten der schon vorhandenen oft nicht mehr anzusehen ist, zu welchem Programm sie eigentlich gehören. Überblick zu gewinnen oder zu bewahren ist für den gewöhnlichen Computer-Nutzer so gut wie unmöglich, was spätestens dann zum Problem werden kann, wenn ein Programm mit all seinen Elementen wieder von der Festplatte gelöscht werden soll. Es gibt allerdings einige Funktionen in Windows und obendrein spezielle Deinstallationsprogramme, die hierbei behilflich sein können (vgl. dazu S. 90 ff.).

Gräberfeld oder Textarchiv

Anders als mit verstreuten Software-Modulen verhält es sich mit den Dateien, die der Nutzer, der Schreibende, durch Speichern selbst erzeugt und auf seiner Festplatte plaziert. Unter ihnen muß er selbst für Ordnung sorgen, und Nachlässigkeit bei ihrer Benennung, Anordnung, Unterbringung verwandelt die Festplatte im Laufe der Zeit, und zwar eher früher als später, mit hoher Wahrscheinlichkeit in ein Gräberfeld unerlösbarer oder kaum mehr auffindbarer, weil willkürlich verscharrter Dateileichen. Dagegen schafft eine gewisse Umsicht bei der »Verwaltung« von Dateien gute Voraussetzungen dafür, daß der »persönliche Berechner« auf dem elektronischen Schreibtisch mit der Zeit tatsächlich mehr wird als eine intelligente Schreibmaschine, nämlich eine tragfähige Gedächtnisstütze, ein Textarchiv, ein Manuskript- und Notizenschrank, in dem mancher das, was er sucht, leichter wiederfindet als in Stapeln von beschriebenem Papier. Durch überlegte Nutzung der Speicherkapazitäten des Computers wird der Zettelwirtschaft zwar kein Ende gesetzt (warum denn auch?), und Ordnung auf dem Schreibtisch zu garantieren vermag der PC ebenfalls nicht. Aber durch geschickte Vorkehrungen und intelligenten Einsatz läßt er sich immerhin in ein Instrument verwandeln, das dem Ordnungssinn seines Nutzers und dessen guten Vorsätzen, die kontinuierliche Arbeit und die Erfüllung seiner Aufgaben betreffend, hilfreich an die Seite tritt. In dieser Hinsicht läßt sich manches schon durch einen überlegten Umgang mit Dateien gewinnen. Die Werkzeuge hierfür finden sich nur zum Teil im Schreibprogramm, zum anderen Teil aber im Betriebssystem des Computers (vgl. dazu die Repetitorien auf S. 235 u. 237).

Dateinamen zum Sprechen bringen

In der Zeit vor Windows 95 gab es für die Wahl von Dateinamen ziemlich restriktive Bestimmungen: Sie durften nicht mehr als acht Zeichen lang sein, und hinzu kamen damals wie heute – nach einem Punkt – drei Zeichen für die sogenannte Dateierweiterung, die den Typus der jeweiligen Datei kennzeichnet. Leerzeichen und verschiedene andere Zeichen wie * oder ? durften in Dateinamen nicht enthalten sein. Nicht ratsam war (und ist!) die Verwendung von deutschen Spezialitäten wie Umlauten und »ß«, die etwa von Programmen aus dem angelsächsischen Raum nicht immer erkannt wurden (und werden).

In Windows 95/98 dürfen Dateinamen nun bis zu 255 Zeichen lang sein, was die Namengebung erleichtert, und Leerzeichen dürfen sie auch enthalten. Unzulässig sind dagegen nach wie vor die Zeichen: \ / : * ? ” > < |. Man sollte über den neuen Möglichkeiten die alten Einschränkungen jedoch nicht völlig vergessen und zumindest dann beachten, wenn die zu benennenden Dateien an Rechner übergeben werden sollen, auf denen ältere Versionen von Windows oder Word laufen, oder wenn diese Dateien auf dem eigenen Rechner mit älteren Programmen, die lange Dateinamen noch nicht akzeptieren, bearbeitet, betrachtet, geprüft werden sollen.[14]

Natürlich kommt ein Dateienverzeichnis, in dem lange Namen verwendet werden, weniger kryptisch daher als ein DOS-Verzeichnis, das den alten Geboten folgt – aber ob lang oder kurz, man tut gut daran zu beachten, daß sich allein schon durch umsichtige Benennung von Dateien viel Ordnung und Übersicht auf der Festplatte stiften läßt.

In der Regel werden Dateinamen alphabetisch und numerisch sortiert (*Elektr01.doc* vor *Elektr02.doc*). Läßt man also die Namen der verschiedenen Dateien, die zu einem Projekt gehören, mit der gleichen Buchstabenfolge oder der gleichen Abkürzung beginnen, so werden sie in Dateiverzeichnissen (z.B. im Öffnen-Dialogfenster) auch hintereinander aufgeführt.

»Sprechend« sollten die Namen sein, die man vergibt – also so beschaffen, daß man gute Chancen hat, sich auch nach drei Wochen oder drei Monaten oder drei Jahren noch daran zu erinnern, was sich hinter einem einst vergebenen Namen verbirgt, ohne daß man die Datei dazu erst öffnen muß.

»Sprechen« können Dateinamen aber nicht nur von ihrem Thema oder dem Projekt, zu dem sie gehören, sondern auch von der Funktion, die sie innerhalb eines größeren Projekts erfüllen. Bei Buch- und Übersetzungsprojekten bin ich auch in der Zeit vor Windows 95

[14] Windows 95/98 erzeugt zwar bei längeren Namen automatisch einen acht Zeichen umfassenden »MS-Dos-Namen«, der nötigenfalls anstelle des langen Namens verwendet wird (man kann ihn sichtbar machen, indem man in einem Ordnerfenster mit der rechten Maustaste einen Dateinamen anklickt und in dem sich öffnenden Kontextmenü »Eigenschaften/Allgemein« wählt) – aber diese automatisch gekappten Schrumpfnamen sind meist noch weniger aussagekräftig, als selbstgewählte Kurznamen sein könnten.

nicht schlecht damit gefahren, daß ich die letzten drei Zeichen des achtstelligen Dateinamens – nicht zu verwechseln mit der Dateierweiterung, die vom Programm vergeben wird! – zur Charakterisierung der jeweiligen Datei reserviert habe, und zwar nach einem kleinen System selbstgewählter Abkürzungen, die in verschiedenen Projekten nun immer wieder vorkommen. Wenn »Postm« das Kürzel für eine meiner späteren Postman-Übersetzungen war (nach *Amusing Ourselves to Death*), dann war »Postmtxt.doc« der eigentliche Text der Übersetzung. »Postmbib.doc« enthielt die *Bibliographie*, »Postminh.doc« das *Inhaltsverzeichnis* und »Postmfra.doc« eine Datei mit offenen *Fragen*, die in der Bibliothek oder mit Hilfe kundiger Personen noch zu klären waren. Mit ».....not.doc« enden bei mir Dateien, die *Notizen* zu einem bestimmten Projekt enthalten, mit ».....vok.doc« Vokabel- oder Wörterlisten, mit ».....ski.doc« *Skizzen* und Entwürfe, mit ».....ank.doc« *Ankündigungstexte*, die sich Verlage oder Radiostationen gelegentlich von ihren Autoren ausbitten, und mit ».....ork.doc« enden jene *Orkus*-Dateien, in denen ich Textabfälle sammle, die sich vielleicht noch als nützlich erweisen könnten, wahrscheinlich aber nicht.

Vom Nutzen ungeteilter Dokumente

So leicht es ist, neue Dateien oder neue Ordner anzulegen, so groß ist die Gefahr der Verzettelung. Unterschiedliche Projekte gehören selbstverständlich in separate Dateien. Aber bei der Einrichtung verschiedener Dateien (oder gar Ordner) innerhalb eines größeren Vorhabens scheint mir sparsame Zurückhaltung durchaus empfehlenswert.

Vor einigen Jahren war es aus technischen Gründen noch nötig, die Dateien klein zu halten. Die Rechner hätten beim Umgang mit ihnen, beim Laden, beim Speichern, beim Durchsuchen sonst übermäßig lange zu arbeiten gehabt. Da lag es nahe, für jedes Kapitel eine neue Datei anzulegen und lange Kapitel sogar auf mehrere Dateien zu verteilen.

Heute ist die Bewältigung auch von umfangreichen Textdateien für die gängigen Rechner kein Problem mehr, und ungeteilte Dokumente bieten allerlei Vorteile: beim Nachlesen, bei der Orientierung, beim Blättern und Springen, beim Suchen nach einer bestimmten Stelle (von der man in einer Folge von zehn numerierten Teil-Dateien bald nicht mehr weiß, wo sie steckt), bei der konsequenten Veränderung von bestimmten Wörtern, bei der Korrektur von Fehlern oder Versehen, die an verschiedenen Stellen des Textes auftauchen und in einem ungeteilten Dokument mit einem einzigen Suchdurchgang aufgefunden werden können.

Wenn allerdings eine größere Zahl von Abbildungen oder Tabellen in einen Text integriert sind, wodurch eine Datei leicht auf mehrere Megabyte anwachsen kann, ist eine Teilung nach wie vor ratsam.

Fassungen, Varianten, Reste

Erhebliche Verzettelungsgefahr besteht, wie mir scheint, auch bei übermäßig peniblem Umgang mit Textvarianten, Variationen, überwundenen Vorstufen, von denen sich der Schreibende dennoch nicht durch Betätigen der Löschtaste für immer trennen will. Tatsächlich kann er ja ebensogut den Befehl »Speichern« wählen und die verschiedenen Fassungen seines Textes unter verschiedenen Dateinamen festhalten.[15] Wer dies tut, weil er weiß oder glaubt oder für möglich hält, daß in diesen verschiedenen Fassungen Sätze oder Abschnitte oder Formulierungen oder Ideen stecken, die er noch brauchen wird, dem wäre vielleicht zu raten, jene Elemente, die möglicherweise Zukunft haben, zu isolieren und zusammenzufassen. Noch besser jedoch, wenn eben möglich, sind definitive Entscheidungen. Das Zaudern zwischen Versionen kann schlimme Folgen haben, weil genaue Vergleiche zwischen mehr als zwei längeren Texten am Bildschirm ebenso wie auf dem Papier mühsam sind, zumal dann, wenn die Abfassung dieser Texte schon einige Zeit zurückliegt.

Dem Schriftstellerkollegen L. aus E. kam eines seiner Projekte nicht bei einem Crash abhanden, sondern dadurch, daß er sich in der Vielzahl der gespeicherten Varianten und Fassungen bitterlich verirrte. Zuletzt gelang es ihm zwar, sich selbst aus den labyrinthischen Verwirrungen zu retten, das Werk aber war aus seiner Zerstreuung nicht mehr zu erlösen. Die Lehre aus diesem bedauerlichen Fall lautet: Niemand sollte sich die eigene Entschlußkraft in der Frage des Erhaltens und Vernichtens von Formulierungen und Fassungen dadurch ruinieren, daß er sich auf die scheinbar unbegrenzten Speichermöglichkeiten des Computers verläßt. Das Abspeichern von Varianten erspart uns die Entscheidung zwischen ihnen nicht.

Dennoch treten während der Arbeit an längeren Texten gelegentlich Sätze oder Abschnitte in Erscheinung, die dort, wo sie dem Schreibenden unterlaufen

---

[15] Word bietet die Möglichkeit, verschiedene Versionen eines Textes unter einem einzigen Dateinamen zu speichern, vgl. dazu S. 81. Die Gefahr der Verzettelung wird dadurch verringert, nicht aber die Schwierigkeit, sich unter den verschiedenen Versionen zurechtzufinden.

und in den Sinn kommen, nicht am Platze sind, während sie anderswo vielleicht mit großem Effekt und reichem Gewinn installiert werden können. »Es gehört zur schriftstellerischen Technik«, schreibt Theodor W. Adorno in seinen *Minima Moralia*, »selbst auf fruchtbare Gedanken verzichten zu können, wenn die Konstruktion es verlangt.«[16] Solche fruchtbaren Gedanken, überhaupt Passagen, in denen Arbeit steckt und die vielleicht anderswo und sei es nur als Anregungsmaterial noch gebraucht werden können, und schließlich auch Textteile, über deren Qualität oder Brauchbarkeit man sich tatsächlich zu einem bestimmten Zeitpunkt kein Urteil zutraut, sind gut aufbewahrt und vergleichsweise leicht wieder auffindbar, indem man nicht jedes Stück für sich als besondere Datei speichert, sondern alles in eine spezielle Datei für Reste sperrt, in einen Orkus – eine Art wilder Textmüllkippe, eben .....*ork.doc.*

Verwandte oder zusammengehörige Texte in *einer* Datei zusammenzufassen und zu speichern, ist auch in anderen Fällen eine erwägenswerte Möglichkeit. Wer zum Beispiel all seine Briefe (oder solche, die ihm wichtig erscheinen) speichern will, könnte die Briefe eines Monats oder eines Vierteljahres in einer einzigen Datei, getrennt vielleicht nur durch Leerzeilen oder eine deutlich erkennbare punktierte Linie oder durch einen »manuellen Seitenwechsel«, zusammenfassen, und diese Sammeldateien in einem Ordner oder Unterverzeichnis »Briefe« deponieren.

[16] Theodor W. Adorno, *Minima Moralia. Reflexionen aus dem beschädigten Leben*, Frankfurt: Suhrkamp 1971, S. 105. Zweiter Teil, Nr. 51: »Hinter den Spiegel«.

Sichern, Aufräumen, Bewahren

Je zuverlässiger der persönliche Berechner tagtäglich funktioniert, desto nachhaltiger erregt er im Benutzer Illusionen von Unfehlbarkeit und Unverwüstlichkeit. Dieser Versuchung zur Bequemlichkeit ist unbedingt zu widerstehen – durch systematisches Schüren des eigenen Mißtrauens, durch fleißiges Ausmalen und Ausdenken möglicher Unglücke und Zwischenfälle in der Phantasie und vor allem durch alltägliches Sichern jener Daten, deren Verlust ein unwiederbringlicher wäre. Als unersetzlich erweist sich bei Crash und Defekt nämlich nicht der kostbare Apparat und auch nicht die Software, sondern das, was der Nutzer mit beidem fabriziert hat. Gelegentlich liest man Wunderberichte von Crash-Doktoren, denen das schier Unwahrscheinliche gelungen sei: von verschmorten, verkohlten, gründlich durchnäßten oder sonstwie havarierten Festplatten verloren geglaubte Datenbestände komplett zu retten. Was eine solche Rettung kostet, liest man nicht, und daß sie immer gelänge, auch nicht.[17]

Irgendwann kommt für die meisten Textdateien ohnehin eine Zeit, da sie auf einer Diskette oder einem anderen externen Speichermedium besser aufgehoben sind als auf der Festplatte. Ein Projekt ist fertig geworden, der Text ist abgegeben, verschickt, gedruckt, gesendet, und nun stellt sich die Frage, ob und wie er aufbewahrt werden soll. Papier ist immer geduldig – eine gute, zuverlässige Sache. Wenn jedoch der Text etwa im Zuge seiner Veröffentlichung in einem Buch oder einer

[17] Als sich auf dem PC der Literaturredakteurin F. aus R. der Schreib/Lesekopf in die Festplatte gefressen hatte, sollte die Diagnose, also die Beantwortung der Frage, ob eventuell noch Daten von der defekten Festplatte zu erlösen seien, allein schon einen Tausender kosten.

Zeitung ohnehin Papierform angenommen hat, bleibt das ausgedruckte Manuskript im Grad der Vollendung und der Ansehnlichkeit hinter dem definitiven Druckerzeugnis, in das womöglich noch Überarbeitungs-, Verfeinerungs- und Korrekturbemühungen von eigener oder fremder Hand eingeflossen sind, um etliche Stufen zurück. Manuskripte hebe ich in der Regel nur so lange auf, bis ich ein gedrucktes Belegexemplar in der Hand habe. Danach geht der Erhaltungswille auf dieses über. Die zugehörigen elektronischen Dateien jedoch versuche ich, möglichst sorgfältig zu archivieren. Viel Platz nehmen sie ja nicht ein, jedenfalls viel weniger, als papierene Manuskripte einnähmen, und gegenüber diesen behalten sie den Vorteil der raschen Durchsuchbarkeit, Kopierbarkeit, Versendbarkeit.

Das gelegentliche Aufräumen der Festplatte erschöpft sich allerdings nicht darin, Dateien von der Festplatte auf Disketten zu »verschieben«. Es wird bei dieser Gelegenheit auch ausgemustert: Notizen, die vollständig in die endgültige Fassung eingewandert sind, Listen mit Fragen, die inzwischen beantwortet sind oder sich erledigt haben, Vor- und Zwischenstufen zu diesem oder jenem Kapitel. Anderes Zusammengehöriges wird zu einer Datei zusammengefaßt: verschiedene Ankündigungstexte etwa, die sich auf das gleiche Projekt beziehen – der Text für die Verlagsvorschau, der Klappentext für das Buch, der Waschzettel zu einer Lesung usw. Ungeschickt benannte Dateien bekommen einen neuen Namen, den ich auch dann noch zu verstehen hoffe, wenn mein Kurzzeitgedächtnis mich verlassen hat. Schon bei solchen Aufräumaktionen (und erst recht später) zeigt sich, wie nützlich das fleißige Ausfüllen jener »Formulare« ist, mit denen die größeren Schreibprogramme ihren Nutzern (auf Wunsch auch automatisch, vgl. S. 142) zusätzliche Informationen über die zu speichernden Dateien abverlangen. Man muß diese Formulare nicht ausfüllen, und schon gar nicht vollständig – aber um des Überblicks willen kann es durchaus nützlich sein, wenn man zusammen mit einem Text einige Hinweise auf seinen Inhalt, seine Verwendung, seine Entstehungszeit festhält.

Archivierung zielt auf lange Fristen, und die einzelnen Dateien sollen leicht auffindbar bleiben. Da lohnt es sich, ein paar Überlegungen zur sinnvollen und auch später nachvollziehbaren Anordnung oder Verteilung der zu speichernden Dateien auf verschiedene Disketten anzustellen. Disketten sind heute so billig, daß der Gesichtspunkt, ihren Speicherplatz möglichst vollständig zu nutzen, hinter inhaltlichen oder chronologischen Gliederungsprinzipien zurücktreten kann.

Als lästig, aber wahr erweist es sich und wird sich in Zukunft noch deutlicher erweisen, daß elektronische Dateien über längere Zeiträume nur zu sichern und nutzbar zu erhalten sind, wenn man die technische Entwicklung im Auge behält. Der Übergang von den biegsamen sogenannten 5,25 Zoll-Floppy-Disks zu den heute gebräuchlichen 3,5 Zoll-Disketten in ihren starren Plastikgehäusen machte es unumgänglich, rechtzeitig alle für erhaltenswert erachteten Dateien aus dem älteren in das neue Format zu übertragen. Eine ähnliche Umwälzung wird in absehbarer Zeit nötig werden, wenn die für manche Speicheraufgaben längst zu klein gewordenen 3,5 Zoll-Disketten durch beschreibbare CDs und andere Großspeichermedien abgelöst werden.

Doch nicht nur die materiellen Speichermedien ändern sich im Laufe der Zeit. Auch die Speicherformate und die Programme, ohne die digitalisierte Schriftzeichen gar nicht sichtbar und lesbar zu machen sind, verändern sich, und man wird sich eher darauf verlassen können, daß die Programmierer heute und in Zukunft ihre Programme mit immer neuen Neuerungen versehen, als daß sie für »Abwärtskompatibilität« sorgen, also dafür, daß neuere Programme die Fähigkeit behalten, Dateien die in älteren Programmversionen geschrieben und in deren inzwischen überholten Formaten gespeichert wurden, auch weiterhin darzustellen. Darauf, daß die Industrie hier mit Umsicht zu Werke geht, sollte sich niemand verlassen – gelegentliche Stichproben nach Einführung irgendwelcher Neuerungen auf dem eigenen Schreibtisch sind ratsam. Das Konvertieren älterer Daten in neue Formate ist dann möglicherweise unumgänglich, sofern man sie nicht verlorengeben mag. Ratsam scheint es mir auch, ältere Versionen von Programmen, mit denen man wichtige Dateien erstellt hat, vor allem ältere Versionen des Schreibprogramms, nach einem »Update« nicht zu vernichten oder wegzugeben, sondern ebenfalls zu archivieren.

Kontinuität und Selbstdisziplin – »Immerwährende« Dateien

Die Tagebuch- und Notizbuchprojekte, die ich in verschiedenen Lebensaltern gestartet habe, sind über ziemlich beschränkte Phasen anfangs intensiver, später nachlassender, schließlich erlahmender Schreibtätigkeit nie hinausgelangt – bis ich auf meiner Festplatte die Datei »tagblatt.doc« installiert habe.

Unverhofft war mir ein literarisches Stipendium zuteil geworden – in einer Phase der Arbeit, in der ich nicht recht zu sagen wußte, welchem Projekt ich die willkommene Förderung widmen sollte. Ein Buch war eben fertig geworden, die Umrisse eines neuen noch kaum in Sicht. Pflichtbewußt sagte ich mir: Du mußt etwas tun für das Geld. Mein minimalistischer Vorsatz zu Beginn des geförderten Jahres: »An jedem Tag ein Tagblatt. Einübung in die Kontinuität und Disziplin des Schreibens, damit dieses Jahr nicht *nur* das ›Eos‹-Jahr wird. An seinem Ende soll ein neues Projekt zumindest Gestalt angenommen haben oder sichtbar sein. Auf jedem Tagblatt soll mehr stehen als das Datum: ein Wort mehr, ein Satz mehr, das zumindest.« Es wurden in jenem Jahr dann rund 150 eng beschriebene Seiten.

Ich bin über ihnen nicht zum allzeit fleißigen, pünktlichen Tagebuchschreiber geworden. Aber die Datei *tagblatt.doc* existiert und wächst nach wie vor, und *wenn* ich einmal etwas festhalten will, das zu keinem bestimmten Projekt gehört, eine Idee, einen Einfall, eine Formulierung, ein Gespräch, eine Szene – dann weiß ich heute einen Platz dafür. Zettel und Mappen würden mir eher aus dem Blick geraten. Dort aber steht, nur getrennt durch eine Leer- und eine Datumszeile, vielleicht auch ein Stichwort, alles hintereinander, wie es kommt. Einfälle und Zu-Fälle lassen sich in diesem Sammelsurium vergleichsweise leicht wiederfinden. Sie lassen sich auch nachträglich noch bearbeiten, verfeinern, und so kommt es, daß sich Tagblatt-Einträge gelegentlich zu Keimzellen von Texten entwickeln. Notizen, die sich mit der Zeit womöglich als Elemente eines entstehenden Vorhabens erweisen, lassen sich herauslösen und zu einer neuen Datei zusammenfassen. Die Anregungskraft dieses Fundus ist nicht unbeträchtlich. *tagblatt.doc* ist die wichtigste unter meinen »immerwährenden« Dateien, aber nicht die einzige.

agenda.doc enthält Notizen, die mich an das erinnern

sollen, was auf kurze und auf lange Sicht zu tun ist. Pflichten, Aufgaben, Vorhaben, Pläne.

biblio.doc enthält ein Verzeichnis der eigenen Bücher und Texte und der wichtigen Übersetzungen, das ich von Zeit zu Zeit ergänze und, wenn jemand danach fragt, jederzeit ausdrucken kann.

kalkula.doc ist ein Dokument, das mir mit den überschaubaren Mitteln meines Schreibprogramms hilft, den Überblick über die Finanzen zu wahren: aktueller Kontostand, offene Rechnungen bzw. Zahlungen, die unterwegs sind (oder sein müßten), Einnahmen, die in absehbarer Zukunft zu erwarten sind. Eine simple Aufstellung, in der alle Beträge mit Hilfe des Dezimal-Tabulators hübsch nach dem Komma ausgerichtet untereinander stehen und aus der ich mit Hilfe der Word-Funktion »Rechnen im Text« (vgl. S. 209 f.) alle Aufschlüsse über Knappheit oder Fülle der finanziellen Ressourcen gewinne, die ich brauche.

codes.doc enthält Notizen zu Computer-Funktionen und -Befehlen, die ich mir nicht merken kann oder noch nicht gemerkt habe, weil ich sie nur gelegentlich brauche und dann jedesmal im Handbuch nachschlagen muß. Hier verzeichne ich auch Tastenkombinationen, die ich selbst vergeben habe (vgl. S. 202 ff.).

Mit Hilfe eines neuen »Menüs« habe ich dafür gesorgt, daß sich diese »immerwährenden« Dateien besonders leicht – mit einem Mausklick – auf den Bildschirm holen lassen vgl. dazu S. 212 f.).

4. Auf dem Weg zum Buch

Untergehendes Wissen

Die Tugenden eines gründlich gearbeiteten Manuskripts stehen selbstverständlich auch einer zur Veröffentlichung bestimmten Computerdatei gut zu Gesicht: durchdachter Aufbau, sachliche und ästhetische Stimmigkeit, sorgfältige Formulierung, möglichst wenig Schreibfehler – um das Wünschenswerte nur in den gröbsten Umrissen zu benennen. Es kommen allerdings beim Abfassen eines elektronischen Textes, der zum Ausgangspunkt eines Druckerzeugnisses werden soll, ein paar Dinge hinzu, die verschärfte Aufmerksamkeit verdienen. Der Schreibende ist aufgerufen, neben seinen herkömmlichen Obliegenheiten auch einen Teil jener Aufgaben zu übernehmen, um die sich noch vor zehn Jahren Schriftsetzer, Texterfasser, »Taster« und »Tasterinnen« kümmerten. Das bringt einerseits zusätzliche Mühen und ein höheres Maß an Verantwortung mit sich, insofern es auf dem elektronisch verkürzten Weg von der PC-Diskette zum fertigen Schriftsatz nun sinnvoll und erwünscht ist, wenn schon der Autor imstande ist, seinen Text auch mit Setzeraugen zu sehen, wenn er beim Schreiben und Überarbeiten dieses Textes auch unter technisch-typografischen Aspekten »mitdenkt«. Andererseits eröffnen sich dem Schreibenden hieraus aber auch Chancen, die auf mehr Kontrolle über den eigenen Text hinauslaufen. Eine gewisse Entlastung bringt im übrigen der Umstand, daß neue Fehler aus zweiter Hand, die beim früher üblichen Abschreiben eines Manuskripts unvermeidlich waren, zwar nicht ganz ausgeschlossen sind, aber doch unwahrscheinlicher und seltener werden.

Mit der digitalen Verkürzung des Weges vom Autorentext zum Gedruckten durch Einsparung der eigentlichen Setzerarbeiten sind nicht nur Arbeitsplätze in der Druckindustrie verloren gegangen. Zu beklagen ist auch der Wegfall einer autoritativen Instanz, die zur Verfeinerung der Bücher einmal Wesentliches beitragen konnte und deren Know-how sich nach ihrem Verschwinden keineswegs automatisch auf die verbliebenen Stufen verteilt. Wissen und Erfahrung der Setzer, ihre spezifische Aufmerksamkeit für die Wechselbeziehungen zwischen Text und Schrift, Bild und Buchstabe, Thema und Umbruch, sind in ihrem Bestand und in ihrer ästhetischen Wirksamkeit heute stark gefährdet. Sowenig eine teure Fotokamera gute Bilder garantiert, sowenig gewährleisten die üppigen gestalterischen Möglichkeiten heutiger Schreibprogramme grafisches und typografisches Gelingen. Bloß weil das eigene Programm Finessen aufweist, wie sie vor wenigen Jahren die teuersten Fotosatzanlagen nicht zu bieten vermochten, sollte sich der Schreibende vor seinem Bildschirm nicht auch schon berufen fühlen, sie alle in Betrieb zu nehmen – vor allem nicht alle gleichzeitig! Typografische Meisterstücke und Extravaganzen werden von ihm nicht erwartet und nicht verlangt – auch kein Blocksatz! Ratsam ist es jedoch, wenn er beim Schreiben am Bildschirm verschiedene Kleinigkeiten im Auge behält, deren Vernachlässigung fatale Konsequenzen haben kann, sobald sein elektronischer Text auf anderen Rechnern weiterverarbeitet wird, um schließlich in Gestalt eines Buches oder in anderer gedruckter Form das Licht der Öffentlichkeit zu erblicken.

Quisquilien mit Konsequenzen

Beim Tippen von Typoskripten auf der Schreibmaschine gab es eine Anzahl von läßlichen, teils sogar unvermeidlichen »Fehlern«, die nicht zuletzt aus der Knappheit des vorhandenen Zeichenvorrats herrührten. Sie waren so unscheinbar, daß Schreiber und selbst Lektoren sich kaum entschließen konnten, sie zu korrigieren, zumal sie von den Setzern beim Abschreiben des Typoskripts meist stillschweigend beseitigt wurden. Heute aber, da es diese Setzer nicht mehr oder nur noch in stark verringerter Zahl und mit verändertem Aufgabenbereich gibt, ist der Bildschirm-Schreiber gut beraten, wenn er sich die Beachtung dieser Feinheiten, die ihm früher gleichgültig bleiben konnten, selbst ein für allemal zur Gewohnheit macht:

♦ Im Schriftsatz ist der Unterschied zwischen einem kurzen **Bindestrich** (-) und einem langen **Gedankenstrich** (–) zu beachten, der sich auf gewöhnlichen Schreibmaschinen mangels entsprechender Zeichen nicht darstellen ließ.[18]

♦ Zu unterscheiden ist beim Schreiben am Bildschirm auch zwischen **Anführungen** und **Abführungen** (also nicht: "…", sondern: "…" oder „…" oder ›…‹ oder »…«).

♦ Zwei **Leerzeichen** hintereinander fallen in einem Typoskript oder am Bildschirm optisch kaum auf, im Schriftsatz kommen sie einem Satzfehler gleich, der im späteren Druck ein unschönes Loch erzeugt.[19]

[18] Ein langer Gedankenstrich läßt sich in Word mit der Tastenkombination Strg+Alt+Minuszeichen (im Zahlenblock) erzeugen.

[19] Wer sichergehen will, daß in seinem Text keine Ansammlungen von Leerzeichen vorkommen, kann dazu den Suchbefehl verwenden: im Feld »Suchen nach...« zweimal die Leertaste drücken und anschließend die Suche starten.

♦ **Einzüge** von Zeilen oder Absätzen sollten nie durch Leerzeichen, sondern immer mit Hilfe der einschlägigen Formatbefehle erzeugt werden.[20]

♦ In einem Fließtext dürfen **Zeilenbrüche** nicht mit der Return-Taste erzeugt werden: den gewöhnlichen Zeilenumbruch besorgt das Schreibprogramm selbst.

♦ Eine **neue Seite** sollte man nie durch mehrmaliges Drücken der Returntaste bzw. die manuelle Eingabe von Leerzeilen zu erreichen versuchen, sondern immer mit Hilfe des entsprechenden Befehls im Schreibprogramm.[21]

♦ Bei Texten, die zur Weiterverarbeitung auf anderen Satzcomputern bestimmt sind, sollte **keine automatische Silbentrennung** vorgenommen werden. Es kann zu Unverträglichkeiten mit dem Programm kommen, das die Daten übernimmt und die Silbentrennung für den definitiven Umbruch des Textes ausrechnet. Einmal eingefügte Trennzeichen, die nach eventuellen Textänderungen vom Bildschirm wieder verschwinden, bleiben unsichtbar im Datenbestand erhalten und erweisen sich dort gelegentlich als unberechenbare Störenfriede.

Ausdauerndes Bemühen des Autors um Einheitlichkeit in der Anlage und Gestaltung seines Textes wird nicht erst seit dem Aufkommen der Schreibcomputer von all jenen, die es im weiteren Publikationsprozeß mit diesem Text zu tun bekommen, freudig begrüßt. Besonderes Augenmerk und verschärfte Konsequenz verdienen da-

---

[20] In Word 97: **Format** ⇒ **Absatz** ⇒ **Einzüge und Abstände**. Ein Makro zur raschen Formatierung eines Absatzes mit einem Einzug der ersten Zeile, für den es in Word keine Tastenkombination gibt, findet sich auf S. 219 f..
[21] In Word 97: Strg+Enter bzw. **Einfügen** ⇒ **Manueller Wechsel** ⇒ **Seitenwechsel**.

bei vor allem: die Wahl und der Einsatz der verschiedenen möglichen Formen von An- und Abführungszeichen (einfache und/oder doppelte Gänsefüßchen bzw. französische Winkel); der Umgang mit Leerzeilen, Sternchen, Punkten und dergleichen zur Andeutung größerer Zäsuren innerhalb eines Textes; die in sich schlüssige Gliederung längerer Texte durch Zwischenüberschriften von unterschiedlicher Wertigkeit und unterschiedlicher Schriftgestalt; die Anwendung unterschiedlicher Absatz- und Zeichenformate auf spezielle Textelemente wie Hervorhebungen im Text, Mottos, Bildlegenden oder lange, vom übrigen Text abgehobene Zitate. Besonders hohe Anforderungen an die Fähigkeit zu konsequenter, einheitlicher Gestaltung sowohl in der Zeichensetzung wie auch in der Zeichenformatierung und im Umgang mit Abkürzungen stellen erfahrungsgemäß seit jeher Literaturangaben in Fußnoten und Bibliographien.

Ein weites Feld für Streß und Streit

Viele Verlage, die von ihren Autoren außer Manuskripten auch elektronische Daten auf Disketten erwarten oder erhoffen, halten Merkblätter oder Wunschzettel bereit, in denen sie Vorgaben dazu machen, wie diese Daten beschaffen sein sollen. Eine möglichst frühe, jedenfalls rechtzeitige Abstimmung zwischen Autor und Verlag, Redaktion, Lektorat, Herstellung, Setzerei über alle Fragen der Datenübertragung und der weiteren gemeinsamen Arbeit am Text ist vor allem dort ratsam, wo sich Abläufe noch nicht eingespielt haben oder wo Projekte Besonderheiten aufweisen – z.B. Abbildungen im Text, kompliziertes Layout, Stichwortregister. Welche

Datei- oder Speicherformate kann der Verlag oder die Setzerei seiner Wahl verarbeiten? Wie steht es mit der Übernahme von Bilddateien? Lassen sich komplexere Funktionen von Textdateien, etwa Gliederungen oder die Verwaltung von Fußnoten, von Querverweisen und Registereinträgen, die jedes Schreibprogramm auf seine eigene Weise organisiert, übernehmen oder konvertieren? Wie soll die Zusammenarbeit und die Arbeitsteilung zwischen Autor und Verlag, Lektorat, Redaktion vor sich gehen? An welcher Stelle kommen Papier und Disketten, Briefpost und elektronische Post, Telefon und leibhaftiges Beisammensein ins Spiel? Da muß so vieles mit so vielem zusammenpassen oder abgestimmt werden, daß es ratsam ist, vor dem Ausbruch von Termindruck Probedisketten zu tauschen und mit ihnen zu testen, ob und wie die elektronische Kooperation und Kommunikation funktionieren.

Rechtzeitige Absprachen sind auch deshalb empfehlenswert, weil das gesamte Terrain des elektronischen Zusammenwirkens verschiedener Personen und Apparate mit erheblichen Konflikt- und Streßladungen vermint ist. Immerhin geht es um die Neuverteilung von Arbeit, die früher von anderen getan wurde, also um Mehrarbeit. Schreiben und »Texterfassung« fallen nun zusammen und sind unter den gegebenen technischen Verhältnissen zur Sache des Autors geworden. Aber kann man ihn – und kann er sich selbst – deshalb für die Qualität des Schriftsatzes und der Datenerfassung so haftbar und verantwortlich machen wie früher den Setzer? Dem Verlag ist daran gelegen, Satzkosten zu sparen, und der Autor hilft ihm dabei, auch wenn er bei der Anschaffung seines kostspieligen elektronischen Schreibgeräts vor allem die Erleichterung der eigenen Arbeit im Auge hat. Er sollte sich aber sehr genau überlegen, wie weit er über das Schreiben und die »Texterfassung« hinaus weitere Setzeraufgaben übernehmen kann und will.

Ein entscheidender Punkt hierbei ist die Frage, wer die im Laufe der Bearbeitung und Korrektur eines Textes anfallenden Veränderungen in den Datenbestand eingibt, der dann zur Setzerei geht. Der Autor wahrt mehr Kontrolle über seinen Text, behält gleichsam »das letzte Wort«, wenn er auch diese Aufgabe zu seiner eigenen macht. Er halst sich damit jedoch unter Umständen eine mühevolle, mehr oder minder mechanische, auch stupide Arbeit auf, die durchaus delegierbar wäre und die früher schon aus technischen Gründen grundsätzlich nur auf Seiten des Verlages bzw. der Setzerei verrichtet werden konnte. Das Argument, vom Lektor, Redakteur oder Verleger an den Autor oder Übersetzer gerichtet: »Du hast den Fehler gemacht, also mußt du ihn auch korrigieren« wäre damals einfach unsinnig gewesen und wurde infolgedessen auch nie vernommen. Anders heute. Da werden Autoren und Übersetzer, die schon durch die Anschaffung ihres Schreibgeräts einen Beitrag zur Satzkostenersparnis geleistet haben, gelegentlich auch noch wie selbstverständlich zu Korrekturarbeiten herangezogen. Gleichsam zur Strafe dafür, daß sie sich auf den Computer eingelassen haben, sollen sie nun auch noch »nachsitzen« und eigene Fehler selbst ausbügeln. Wer einem solchen Ansinnen nicht mit der Mitteilung begegnen mag, er habe sich soeben entschlossen, vom Computer wieder abzulassen und zu Stift und Schreibmaschine zurückzukehren, der ist gut beraten, wenn er sich die Erfüllung von Aufgaben, die einst in das Ressort der Setzer fielen, zumindest bezahlen läßt.

Im übrigen tut sich auch der Verlag nicht unbedingt einen Gefallen, wenn er Satz- und Korrekturarbeiten an

Autoren und Übersetzer delegiert. Wer gut oder glän-
zend schreibt, ist deshalb noch lange kein Garant für kor-
rekte Orthographie und erst recht nicht für durchdach-
te, schlüssige Texteinrichtung – und es bedarf gar nicht
allzu vieler Ungereimtheiten und Inkonsequenzen in einer elektronischen Datei, damit sie in der Weiterverarbeitung schwer handhabbar oder gar unbrauchbar wird.
Alles dies hat also nicht nur mit Wollen und Können,
sondern auch mit angemessener Honorierung zu tun,
vor allem aber mit rechtzeitiger Klärung der Abläufe.

Kooperieren, Redigieren, Lektorieren

Daß elektronische Texte, solange sie auf Festplatten und
Disketten festgehalten werden, flüssig bleiben, kann die
gemeinsame Arbeit mehrerer Personen an ihnen in
mancher Hinsicht leichter machen. Wunderdinge sollte
man von den technischen Möglichkeiten, die die herkömmlichen Verfahren der Zusammenarbeit ergänzen,
allerdings nicht erwarten. Vor- und Umsicht sind bei der
elektronischen Kooperation sogar besonders dringend
geboten.

Wer sich darauf einläßt, verschiedene Beiträge verschiedener mit Computern ausgerüsteter Schreiber zu
einem größeren Ganzen zusammenzuführen (und am
Ende muß es ja immer einer machen), der sollte sich auf
die Verträglichkeit der Daten und die Kompatibilität der
Programme und Maschinen nicht verlassen, sondern die
Herstellung von Einheitlichkeit oder Vereinbarkeit als
seine erste und vielleicht wichtigste Aufgabe ansehen.
Mit möglichst genauen Vorgaben für alle Beiträger, die
Anlage ihrer Texte und das Speicherformat betreffend,
kann man sich viel langweilige und überflüssige Nach-

arbeit ersparen.[22] Klar ist, daß hier nicht das am weitesten fortgeschrittene technische Niveau, sondern nur ein kleiner, aber gemeinsamer Nenner zu der Plattform werden kann, auf der sich verschiedene Schreiber mit ihren unterschiedlichen Geräten und Werkzeugen versammeln.

Wo zwei (oder mehr) Autoren wahrhaft einmütig an einem gemeinsamen Text arbeiten, bietet die elektronische Form offenkundig Vorteile: jeder kann an dem, was der andere geschrieben hat, sogleich weiterarbeiten. Wenn allerdings das Vertrauen zwischen Autor und Mitautor oder zwischen dem Erzeuger eines Textes und seinem Bearbeiter kein blindes ist, wenn der eine wissen will und sehen möchte, was der andere tut oder getan hat, dann werden Versionen wichtig. Veränderungen müssen erkennbar bleiben, damit sie erörtert, akzeptiert oder auch abgelehnt werden können.

Der papierene Ausdruck mit handschriftlichen Eintragungen – Randbemerkungen, Veränderungen, Zusätzen, Vorschlägen, Fragen, Korrekturen – ist hier nach wie vor wohl die brauchbarste und gebräuchlichste Lösung, erst recht in der Zusammenarbeit zwischen Autor und Verlag oder Redaktion. Und dies liegt nicht etwa daran, daß die Computer in den Lektoraten noch nicht allzu weit vorgedrungen wären. Vielmehr ist auch für Lektoren das Lesen auf dem Papier angenehmer als auf dem Bildschirm, und ihr Blick für die Unzulänglichkei-

[22] Allein schon die vielfältigen Möglichkeiten, An- und Abführungen auf der Computertastatur und mit den vorhandenen Zeichensätzen darzustellen, bieten reichlich Raum für Unbill und Verdruß. - Bei Textdateien bietet das »Rich Text Format« mit der Dateiendung ».rtf« gute Aussichten, Texte, die mit verschiedenen Programmen geschrieben wurden, unter einen Hut zu bekommen. Das »RTF«-Format, das von den gängigen Schreibprogrammen »unterstützt« wird, erlaubt die Übertragung auch vieler spezieller Formatierungen.

ten eines Textes wird vielleicht schärfer, wenn er sich statt dessen auf ein (selbstverständlich nicht engzeilig, sondern mit anderthalbfachem Zeilenabstand ausgedrucktes) Manuskript richtet.

Dennoch haben die Architekten der größeren Schreibprogramme mit einigem Aufwand nach Werkzeugen gesucht, die es erlauben, die Veränderungen, die bei der Überarbeitung eines Textes vorgenommen werden, vollständig zu dokumentieren. Und sie haben elektronische Hilfsmittel geschaffen, die die Kommunikation zwischen Autor und Bearbeiter über einen Text erleichtern sollen. Alle diese Hilfen funktionieren nur, wenn auf den Computern derer, die da kooperieren wollen, die gleichen Programme (womöglich auch in der gleichen Version) installiert sind. Jenseits von Netzwerken, in denen sämtliche Einzelplätze tatsächlich mit den gleichen Programmen ausgestattet sind, ist eine solche Kompatibilität allerdings wohl eher die Ausnahme als die Regel, auch wenn die Softwarehersteller bei der Darstellung dieser Funktionen gern so tun, als sei die flächendeckende Verbreitung des jeweils gerade angepriesenen Programms eine nicht weiter erörternswerte Selbstverständlichkeit.

Kooperieren, redigieren, lektorieren in Word
Hier ein Überblick über die Möglichkeiten, mit denen Word die kooperativen Bemühungen mehrerer Personen um den gleichen Text zu unterstützen versucht.

In Winword 6.0
Überarbeiten
Extras ⇒ Überarbeiten. Nach der Aktivierung dieser Funktion lassen sich Änderungen wahlweise

schon während der Eingabe oder nachträglich (durch »Versionsvergleich«) sichtbar machen und dann überprüfen, also annehmen oder ablehnen. Geänderter Text wird farblich hervorgehoben, die Änderungsstellen werden am linken Rand mit einer senkrechten Linie markiert. Streichungen werden als durchgestrichen, Einfügungen als unterstrichen dargestellt. (Der Überarbeiten-Modus läßt sich auch mit einem Doppelklick auf das Feld ÄND in der Statusleiste unterhalb des Textfensters einschalten und mit einem ebensolchen Doppelklick wieder ausschalten.)

In Word 97
Änderungen verfolgen
Extras ⇒ Änderungen verfolgen. Diese Funktion gleicht im wesentlichen dem oben beschriebenen Befehl **Überarbeiten** aus Winword 6.0. Die einzelnen Bestandteile sind nun aufgeteilt unter die Stichwörter: »Änderungen hervorheben« (auch mit Doppelklick auf ÄND in der Statusleiste einzuschalten und mit Doppelklick wieder auszuschalten), »Änderungen akzeptieren oder ablehnen« und »Dokumente vergleichen«.

Kommentare
Einfügen ⇒ Kommentar. Word 97 bietet die Möglichkeit, einzelne Textstellen mit Bemerkungen zu versehen, die ähnlich wie Fußnoten verwaltet werden. Mit Hilfe solcher Kommentare können sich mehrere Zusammenwirkende über einen Text verständigen – aber auch der einsam arbeitende Autor kann sich auf diese Weise Merk- und Notizzettel in

seinen Text heften. Kommentierte Stellen erscheinen auf dem Bildschirm gelb hinterlegt. Fährt der Mauszeiger in diese Markierung, erscheint der Kommentartext in einem separaten Fenster. Mit einem Klick der rechten Maustaste auf die Kommentarmarkierung läßt sich ein Kontextmenü öffnen, in dem der Kommentar gelöscht oder zur Bearbeitung aufgerufen werden kann. Mit dem Befehl **Bearbeiten ⇒ Gehe Zu ⇒ Kommentar** lassen sich über einen Text verstreute Kommentare der Reihe nach direkt ansteuern.

Versionen festhalten
Datei ⇒ Version. Word 97 bietet die Möglichkeit, verschiedene Fassungen eines Textes, der im Entstehen ist oder bearbeitet wird, unter einem einzigen Dateinamen zu speichern. Die verschiedenen Versionen lassen sich mit einem Kommentar charakterisieren, sie lassen sich einzeln aufrufen und einzeln auch wieder löschen.

Die Symbolleiste »Überarbeiten«
Sie ist unter **Ansicht ⇒ Symbolleisten ⇒ Überarbeiten** erreichbar und faßt die wichtigsten Schaltflächen für den Umgang mit den hier genannten Hilfsmitteln zusammen: Aufsuchen, Bearbeiten und Löschen von Kommentaren; Aufsuchen, Akzeptieren oder Ablehnen von festgehaltenen Änderungen; die Möglichkeit, Versionen zu speichern.

Eine simple Methode, kenntlich zu machen, was man in einem fremden Text angestellt hat, gibt es auch unabhängig von solchen aufwendigen, aber programmspezifischen Funktionen. Sie ist weniger komfortabel, aber dafür läßt sie sich überall einsetzen, wo es überhaupt gelingt, formatierte Texte (z.B. im Rich Text Format) auszutauschen: Die Bemerkungen, Vorschläge, Fragen, Alternativen werden einfach in den Text hineingeschrieben – in einer augenfälligen Formatierung, die der Text selbst nicht verwendet: **Unterstrichen und Fett** oder ~~Durchgestrichen~~ oder NUR GROSSBUCHSTABEN. Wenn das Schreibprogramm imstande ist, außer nach Zeichen auch nach Zeichenformaten zu suchen, lassen sich mit Hilfe der Suchfunktion solche markierten Veränderungen auch in umfangreichen Texten schnell finden. Wenn das Schreibprogramm eine Suche nach Zeichenformaten nicht erlaubt, könnten die Beteiligten vereinbaren, Veränderungen und Zusätze stets mit einem im übrigen Text nicht vorkommenden Zeichen, z.B. dem Gartenzaun (#), zu beginnen, das sich auch mit der einfachsten Suchfunktion ansteuern läßt.

Nützliche Möglichkeiten für die Kooperation zwischen Computerschreibern bietet die elektronische Post, die *e-mail* im Internet: drastische Verkürzung der Kommunikationswege zwischen Autor und Verlag, Autor und Koautor, Originalautor und Übersetzer zu geringen Kosten – damit wird mancher manches anfangen können. Nicht nur Mitteilungen über Texte, Frage- und Antwortlisten, auch die Texte selbst lassen sich auf diesem Wege hin- und herreichen. Von diesen und anderen Erweiterungen des elektronischen Schreibtischs wird im Zweiten Teil die Rede sein.

Exkurs: Register herstellen

Heulen und Zähneknirschen wird in den Herstellungsabteilungen der Verlage nicht selten vernehmbar, wenn man es dort mit automatisch, vom Schreibprogramm erstellten Registern zu tun bekommt. Es gibt arbeitswillige Autoren, die mit ihrer Diskette möglichst auch schon das perfekte Buch und dieses selbstverständlich mit einem Register abliefern wollen. Die Autoren vertrauen auf das, was ihnen die Produzenten ihrer Schreibprogramme und deren Sprachrohre, die zugehörigen Handbücher, verheißen. Und die Softwareproduzenten mit ihren Verheißungen vertrauen auf die universale Kompatibilität von allem mit allem oder vielmehr auf die universale Verbreitung der eigenen Produkte in der jeweils neuesten Version. Die Details jedoch stecken voller Teufel.

Das Prinzip, nach dem Register oder Indizes in größeren Schreibprogrammen erstellt werden, ist einfach und wunderbar. Die Wörter, Begriffe, Namen oder Textstellen, auf die das Register verweisen soll, werden mit »verborgenen« Markierungen versehen, die vor allem zweierlei enthalten:

1. den Wortlaut, den der Eintrag im Register erhalten soll und der ja nicht selten mehr oder weniger stark von dem der Bezugsstelle im laufenden Text abweicht. (»Mozarts Vater« im Text soll im Register schließlich unter »Mozart, Leopold« auffindbar sein.)

2. eine »dynamische« Verbindung zu der Seitenzahl bzw. der Seite des elektronischen Textes, auf der der »indizierte« Ausdruck zu finden ist. Dynamisch ist die Verbindung insofern, als die Seitenzahl, die im Register eingetragen wird, veränderlich bleibt und automatisch aktualisiert wird, wenn der Seitenumbruch des Textes durch Zusätze oder Streichungen oder auch durch die Wahl einer anderen Schriftgröße verändert wird.

Nachdem der Text seine endgültige Gestalt gewonnen hat und alle Stellen, auf die verwiesen werden soll, indiziert sind, erstellt das Schreibprogramm das Register, indem es den gesamten Text nach jenen verborgenen Index-Markierungen durchsucht und ihren Wortlaut samt den zugehörigen Seitenzahlen zusammenträgt. Es vollbringt dabei eine ziemlich komplexe organisatorische Leistung: die eingesammelten Stichwörter werden alphabetisch sortiert; von gleichen Stichwörtern, die auf verschiedenen Seiten des Textes auftauchen, werden nach dem ersten Erscheinen nur noch die entsprechenden Seitenzahlen festgehalten; und bei Stichwörtern, die auf einer Seite mehrmals indiziert wurden, wird diese Seite im Register nur einmal genannt.

Angenehm wäre es nun, wenn sich ein elektronischer Text mit einem solchen dynamischen Register auf einer Diskette so weitergeben ließe, daß der Rechner der Setzerei zuletzt mit dem definitiven Umbruch des Buches zugleich ein auf diesen Umbruch bezogenes Register ausgäbe. Jedoch wahrscheinlich ist dies nicht. Das Register mit seinen dynamischen Verbindungen zum Text wird innerhalb des jeweiligen Schreibprogramms verwaltet – eine komplexe Funktion, deren Übertragung in andere Programme sehr viel höhere Ansprüche an die Kompatibilität stellt als etwa die Übertragung von formatiertem Text. Vieles ist in dieser Beziehung denkbar und wünschenswert, aber machbar ist zur Zeit bei weitem nicht alles, und es scheint, daß sich die Registerautomatik der größeren Schreibprogramme heute allenfalls bei solchen Texten nutzen läßt, deren definitiver Umbruch ebenfalls mit Hilfe dieser Programme erstellt wird – also in der Regel nicht bei Büchern.

Selbst wenn die Kompatibilität vom Schreibtisch bis in die Setzerei gewährleistet wäre, könnte sich herausstellen, daß es vernünftig, nervenschonend und sogar zeitsparend ist, die Automatik auf sich beruhen zu lassen und das Register im gewöhnlichen Handbetrieb anzufertigen.[23] In einer Papierkopie des Umbruchs werden die Stichwörter, die ins Register sollen, markiert und das Register dann als gewöhnliche Textdatei am Bildschirm geschrieben. Der Computer macht sich dabei immer noch nützlich: mit der Sortierfunktion sorgt er für die alphabetische Ordnung, und mit der Suchfunktion ermöglicht er, zumal bei umfangreichen Registern, das gezielte Springen zu einem Stichwort.

Ein Vorteil des Handbetriebs besteht wohl auch darin, daß sich die Systematik und Logik der Einträge nach und nach entwickeln läßt. Der Registermacher sieht das System der Stichworte wachsen und behält es im Auge, genauso wie er Wortlaut und Schreibung der bisher formulierten Einträge im Blick behält und jederzeit korrigieren kann. Beim Indizieren für ein automatisches Register muß er alles das möglichst vollendet von vornherein im Kopf haben und bis zuletzt behalten. Namenregister sind in dieser Beziehung weniger anspruchsvoll als Sachregister. Namen sind in der Regel klar als solche identifizierbar, und der Registermacher braucht sich nur die Frage zu stellen, ob die Verweisstelle relevant ist und ins Register gehört oder nicht. Bei Sachbegriffen

[23] Bei der Markierung einzelner Registereinträge für ein automatisch zu erstellendes Register ist ein hohes Maß an Konzentration, Disziplin und Übersicht, um nicht zu sagen Pedanterie, erforderlich. Der Computer denkt nicht mit und bestraft Inkonsequenzen unerbittlich. Davon, daß mit »Mozart«, »Mozart, Wolfgang Amadeus«, »Mozart, W. A.«, und »Mozart, W.A.« ein und dieselbe Person gemeint ist, weiß er nichts, sondern nimmt in das automatische Register vier verschiedene Einträge auf – wegen des unterschiedlichen Wortlauts und in der letzten Variante wegen des fehlenden Leerzeichens zwischen den Initialen. Noch komplizierter wird das Indizieren am Bildschirm, wenn man, wie es oft sinnvoll und, technisch gesehen, auch möglich ist, den Hauptstichwörtern Unterstichwörter zuordnen will, die in sich wiederum alphabetisch geordnet sind.

hingegen stellt sich die Frage der Ober- und Unterbegriffe, der Querverweise und auch der Synonyme, unter denen die gleiche Sache möglicherweise an anderen Stellen des Textes verhandelt wird oder unter denen später die Benutzer des Registers diese Sache suchen könnten.

Zweiter Teil

Fünf lückenhafte Ergänzungsvorschläge

Das Wirken des Schreibers am Schreibtisch erschöpft sich nicht im Schreiben. Gelegentlich liest er auch oder telefoniert oder rechnet oder hängt Gedanken nach, kramt in Notizzetteln, sortiert Papiere, tütet Briefe ein, leckt Postwertzeichen. Und die Mitwirkung des Computers auf dem elektronischen Schreibtisch muß sich nicht in dem erschöpfen, was eine elektrische Schreibmaschine leistet. Der Computer kann dem Schreibenden noch auf manch andere Weise zur Hand gehen – beim Ordnungschaffen und Ordnunghalten im Kleinen und beim Archivieren von Texten und Bildern im Größeren, beim Notieren und Wiederfinden von Adressen, Terminen, Entwürfen, Notizen, beim Rechnen, beim Suchen und Nachschlagen, beim Empfangen und Versenden digitaler Botschaften. Der Computer ist ein Vielzweckgerät, und wem es Spaß macht, nach neuen Einsatzmöglichkeiten für sein Werk- und Spielzeug, nach Erweiterungen von dessen Grundausstattung mit Hart- und Weichware Ausschau zu halten, der wird so bald nicht an ein Ende kommen. In Ermangelung eines umfassenden Überblicks auf diesem von Tag zu Tag weiter sich dehnenden Feld und da mir sowohl die Zeit als auch die Mittel fehlen, alles Erdenkliche oder auch nur alles Erreichbare selbst auszuprobieren, werde ich mich auf einige lückenhafte, aber triftige, mit Erfahrung angereicherte Vorschläge beschränken.

1. Schützen Sie Ihren Rechner gegen Viren und andere unliebsame Vordringlinge

Zweieinhalb Jahre ausgiebig unterwegs im Internet – und kein einziger Virus. Wahrscheinlich habe ich Glück gehabt. Mehr Glück als der Kollege S. aus M., der beschlossen hatte, sich demnächst auch einmal im Netz der Netze umzusehen. Zuvor wollte er noch die Hausaufgaben erledigen, die ihm sein Amt in einer literarischen Jury eingebracht hatte. Die Unterlagen mit den Bewerbungen um die zu vergebenden Stipendien, gesammelt und koordiniert von einer angesehenen literarischen Institution unserer Republik, kamen auf einer Diskette. Und mit ihr kam der Virus. Er kostete den bedauernswerten S. jede Menge Nerven, einen Haufen Geld für nicht immer kompetenten Rat und volle drei Wochen seines schöpferischen Lebens.

Viren sind von übelwollenden Zeitgenossen geschriebene und verbreitete Programme, die sich in Computern, auf Festplatten, im Arbeitsspeicher, in Dateien unbemerkt einnisten und den normalen Betrieb des Computers mehr oder weniger nachhaltig beeinträchtigen. Die Störung kann darin bestehen, daß der Virus gewohnte Funktionen und Abläufe durcheinanderbringt oder daß er sich mit irgendeiner unerwünschten Bemerkung am Bildschirm zu Wort meldet. Sie kann darin bestehen, daß er sich auf einer Festplatte vervielfältigt und immer mehr Speicherplatz beansprucht oder darin, daß er Daten und Programme zerstört und das komplette System zum Absturz bringt.

Wer den eigenen Rechner nicht völlig gegen fremde Daten abschottet und sich damit viele seiner besonders nützlichen Nutzanwendungen versagt, wer also auf diese oder jene Weise Daten aus anderen Quellen übernimmt, sei es auf Disketten, sei es durch die Teilnahme am elektronischen Postverkehr oder am Internet-Wesen, kann sich mit den fremden Daten jederzeit auch Viren in den eigenen Computer holen. Zu Paranoia und Hysterie besteht deshalb kein Anlaß, vorbeugender Virenschutz ist jedoch ratsam.

Anti-Viren-Programme lassen sich so einstellen, daß sie in gewissen Zeitabständen, gesteuert durch die interne Uhr des Computers, sämtliche Dateien und den Arbeitsspeicher nach Viren durchsuchen. Sie bieten auch die Möglichkeit, Dateien von fremden Disketten oder aus dem Internet vor dem Import auf den eigenen Rechner gezielt nach Viren zu durchsuchen, und sie können obendrein das eigene System kontinuierlich im Hinblick auf »Virus-Aktivitäten« überwachen. Identifizierte Viren werden unschädlich gemacht und defekte Dateien nach Möglichkeit repariert. Da immer wieder neue Viren programmiert und in Umlauf gebracht werden, ist eine gelegentliche oder regelmäßige Aktualisierung der »Virusliste« solcher Schutzprogramme besonders wichtig. Manche Programme, z.B. Norton AntiVirus von Symantec, lassen sich online über eine Verbindung zum Internetplatz der Herstellerfirma auf den neuesten Stand bringen.

Auch Reste können lästig werden

Windows-Programme bestehen aus zahlreichen einzelnen Modulen – Programmdateien und Unterprogrammen, Treibern, Grafikelementen, Hilfedateien und manchem mehr. Bei der Installation eines Programms werden diese verschiedenen Elemente in jenen Verzeichnissen oder Ordnern auf der Festplatte untergebracht, in denen sie von der neuen Software gebraucht werden, oft nicht nur in dem Ordner, der bei der Installation für das neue Programm angelegt wird. So verteilt sich mit jeder neuen Installation ein neuer Schwarm von Dateien in kaum durchschaubarer Weise über die schon vorhandenen Dateienschwärme. Dem Nutzer kann diese Unübersichtlichkeit im Hintergrund gleichgültig bleiben, solange das Programm funktioniert und solange er es verwendet. Will er es jedoch aus seinem Rechner wieder entfernen, ergibt sich ein Problem. Mit dem Löschen des neu angelegten Verzeichnisses, in dem sich unter anderem auch die noch am ehesten an der Endung ».exe« identifizierbare Programmdatei findet, ist es meistens nicht getan. Einträge in den Initialisierungs- und Registrierungsdateien von Windows und Programmelemente, die in anderen Ordnern deponiert wurden, bleiben erhalten. Meistens sieht man diesen Elementen, ihrem Namen, ihrer Dateiendung, ihren »Eigenschaften« nicht mehr an, zu welchem Programm sie gehören, und wird sie deshalb selbst bei begründetem Verdacht auf Überflüssigkeit aus Gründen der Vorsicht kaum antasten. Anders als Viren richten solche Softwarefragmente in der Regel zwar keinen direkten Schaden an, sie beanspruchen aber doch Speicherplatz, verlangsamen den Gang der Dinge im Rechner und verschlechtern obendrein die ohnehin geringe Übersichtlichkeit im Gefüge der Dateien. Deshalb ist die restlose Entfernung nicht mehr erwünschter Programme durchaus wünschenswert, und wer gern oder gelegentlich mit neuer Software experimentiert, sollte sich beizeiten nach Möglichkeiten umsehen, den dabei anfallenden Datenmüll in Grenzen zu halten.

Manche Programme richten von sich aus bei ihrer Installation ein Unterprogramm zur Entfernung ihrer selbst ein. Aber soviel löbliche Einsicht in die Vergänglichkeit allen Menschenwerks ist nicht jedem Programmierer gegeben. Und daß die eventuell eingebauten Mechanismen zur Selbstbeseitigung wirklich alle Dateien von der Festplatte entfernen, ist auch nicht unbedingt sicher.

Windows 95/98 bietet die Möglichkeit, Software, die auf geregeltem Weg installiert wurde, auf eben diesem Weg auch wieder zu entfernen (**Start** ⇒ **Einstellungen** ⇒ **Systemsteuerung** ⇒ **Software** ⇒ **Installieren/Deinstallieren**). Dem manuellen Löschen einzelner Dateien und Verzeichnisse ist dieses Verfahren unbedingt vorzuziehen. Aber eine Garantie gegen lästige letzte Reste scheint es nach dem Urteil sachverständiger Personen dennoch nicht zu bieten.

Mehr Gründlichkeit beim Aufräumen versprechen sogenannte »Uninstall«-Programme. Im Idealfall löschen sie sämtliche Komponenten eines Programms, das entfernt werden soll, und außerdem sämtliche Einträge, die bei der Installation in die Initialisierungs- und Konfigurationsdateien von Windows geschrieben wurden. Sie tun dies allerdings nur, wenn sie die Installation selbst auch schon verfolgt und protokolliert haben. Mit anderen Worten: Es wäre zuviel verlangt, wollte man von einem Uninstall-Programm erwarten, es könnte nachträglich und aus dem Stand alles von einer Festplatte entfernen, was nicht mehr benötigt wird.

Die aufwendigeren unter diesen Programmen zur Programmbeseitigung bieten allerdings vielfältige Hilfe beim Aufräumen und Platzschaffen auf der Festplatte. Sie suchen nach Dateidubletten, nach verwaisten Komponenten, nach selten genutzten Dateitypen und Dateien, nach hinfälligen, weil beziehungslosen Einträgen in der Registrierungsdatenbank von Windows und ermöglichen ein gezieltes Löschen oder Archivieren des nicht unmittelbar Benötigten oder Überflüssigen. Nicht nur beim Ausprobieren von neuen Programmen, auch bei Wanderungen durch das Internet werden, ohne daß der Wanderer dies immer bemerkt, mancherlei Daten auf seinen Computer gebracht. Beim Auflesen und Entsorgen dieser Art von Cybermüll können sich umfangreichere Uninstall-Programme, z.B. CleanSweep von Quarterdeck, sehr nützlich machen.

2. Stellen Sie Helfer-Software ein

Rechenmaschine

Windows stellt am Ende des Weges über **Start** ⇒ **Programme** ⇒ **Zubehör** ⇒ **Rechner** eine Rechenmaschine zur Verfügung, die in ihrem Erscheinungsbild einem herkömmlichen Taschenrechner ähnelt und in den beiden Ansichten »Standard« und »Wissenschaftlich« auch wie ein solcher zu bedienen ist. Rechenergebnisse lassen sich über die Zwischenablage in andere Programme bzw. Dateien, z.B. in eine geöffnete Textdatei, kopieren.[1] Wer den Taschenrechner des öfteren be-

[1] Eine weitere Möglichkeit, in Schriftstücken mit Zahlen zu jonglieren, bietet eine gut versteckte Funktion innerhalb von Word – »Rechnen im Text«. Wo man sie (wieder-)findet und wie sie sich aktivieren und verwenden läßt, wird auf S. 209 ff. beschrieben.

nutzt, sollte in Erwägung ziehen, ihn in die sogenannte »Autostart-Gruppe« von Windows 95/98 aufzunehmen, also in die Gruppe jener Programme, die beim Einschalten des Computers automatisch gestartet werden und damit über die Task-Leiste direkt erreichbar sind (dazu mehr auf S. 104 ff.). Wie sich der Taschenrechner (oder auch andere Helferprogramme) mit Hilfe eines kleinen »Makros« direkt aus Word starten läßt, wird auf S. 222 f. erläutert.

Zum »Zubehör«, das Windows 95/98 neben dem Rechner bereitstellt, gehören u.a. auch ein einfaches Grafik-, Mal- und Zeichenprogramm **Paint**, ein schlankes, unaufwendiges Schreibprogramm mit Namen **WordPad** und der **Editor**, der vor allem zum Bearbeiten, Betrachten oder Durchsuchen von Programm- und Systemdateien gedacht ist. Das Unterprogramm **Zwischenablage** ermöglicht einen Blick auf den aktuellen Inhalt dieser wichtigen, im gewöhnlichen Betrieb nicht einsehbaren Vermittlungs- und Übergabestelle für digitale Daten.

Adreßbuch und Terminkalender

Wer sein Adreßbuch und seinen Terminkalender ganz und gar dem Computer anvertraut, wird bald bemerken, daß er sich den Zugang zu diesen Informationen für jene Zeiten, in denen der PC nicht läuft, um einiges erschwert hat. Es ist umständlich, einen Rechner zu starten, nur um eine Telefonnummer nachzuschlagen, und es ist unmöglich, Einsicht in das Adreßbuch auf der Festplatte zu nehmen, wenn man unterwegs ist und den Computer (oder einen handlicheren Stellvertreter) nicht im Gepäck hat. Während der Phasen, in denen das

Gerät eingeschaltet ist, bieten elektronisch festgehaltene Adressen und Telefonnummern jedoch manchen Vorteil – auch den, daß man sie für den Gebrauch in den »Aus«-Phasen auf Papier drucken kann.

Aufwendige Programme sind nicht unbedingt vonnöten, um Termine und vor allem Adressen auf sinnvolle Weise im Computer festzuhalten. Schon eine sorgfältig geführte Textdatei kann gute Dienste leisten.[2] Aus einer solchen Liste lassen sich Adressen über die Zwischenablage ebensogut in einen Brief kopieren wie aus einem aufwendigen Spezialprogramm. Eine kleinere Zahl von Adressen oder solche, die im Schriftverkehr besonders häufig gebraucht werden, kann man mit Hilfe der Autotext- oder Textbaustein-Funktion des Schreibprogramms unter einem Textbausteinnamen, z.B. dem leicht zu merkenden und schwer zu verwechselnden Namen des Adressaten, speichern und fortan nach Eingabe dieses Namens durch Knopfdruck in einen Text einfügen (vgl. dazu S. 170 ff.).

In früheren Versionen von Windows fand sich in der Rubrik »Zubehör« unter dem Dateinamen »cardfile. exe« ein elektronischer Karteikasten mit begrenzten Möglichkeiten, aber nützlich – ein so simples Programm, daß es des erhabenen Windows 95 für unwürdig angesehen, aber nicht etwa durch etwas Besseres ersetzt, sondern ersatzlos gestrichen wurde. Doch »cardfile.exe« läuft auch unter Windows 95/98 – man braucht es, zusammen mit der Hilfedatei »cardfile.hlp«, nur aus einer älteren Windows-Version zu kopieren und in der neuen

[2] Der Sortierbefehl des Schreibprogramms kann für die alphabetische Ordnung sorgen, wenn das Stichwort, nach dem sortiert werden soll (z.B. Nachname oder Firmenname) jeweils am Anfang eines Eintrags steht und wenn die gesamte Adresse als ein einziger Absatz gefaßt ist. Zeilenbrüche innerhalb der Adresse dürfen also nicht mit der Enter-Taste, sondern müssen mit dem Befehl für »Neue Zeile« (in Word: Umschalt+Enter) erzeugt werden.

Programmumgebung, z.B. im Ordner C:\Windows, zu deponieren.

Sehr viel leistungsfähiger und entsprechend schwieriger zu bedienen sind Programme der Gattung PIM. Solche »Personal Information Manager« machen durch die Verknüpfung verschiedener Funktionen wie Adreßbuch, Terminkalender, Agenda, Notizblock, E-Mail- und Dateiverwaltung und im Zusammenwirken mit anderen Anwendungen mancherlei Wunderdinge möglich, während sie gelegentlich am vermeintlich Einfachsten scheitern. Mit Outlook 98 von Microsoft z.B. läßt sich innerhalb eines Netzwerks etlicher vielbeschäftiger Mitarbeiter genau jene Dreiviertelstunde in irgendeiner noch fernen Kalenderwoche ausfindig machen, in der alle diese Mitarbeiter mit ihren prallvollen Terminkalendern noch Zeit für eine Besprechung haben. Outlook läßt sich aber nur unter erheblichen Schwierigkeiten dazu bringen, eine Adressenliste, in der Personen- und Firmennamen vorkommen, richtig zu organisieren – und in der Adressenliste, die es dem Schreibprogramm zur Verfügung stellt, werden Personen grundsätzlich nach ihrem Vornamen alphabetisiert!

Man mißtraue hier wie anderswo den Versprechungen der Produzenten, was die Integration« der Funktionen und die Kompatibilität mit anderen Programmen angeht. Dennoch kann ein Programm der Gattung PIM eine nützliche Erweiterung des elektronischen Schreibtisches sein, auch wenn man, wie es ja bei aufwendiger Software inzwischen die Regel ist, bei weitem nicht für alle Funktionen und Finessen eine Verwendung hat. Zur Koordination der eigenen Arbeit, zur Wahrung des Überblicks über das, was zu tun ist, was man sich vorgenommen, was man versprochen hat, und als weitere, spezielle Gedächtnisstütze können Programme wie der Lotus Organizer oder (trotz seiner Macken) Outlook 98, wenn man sie sich dienstbar macht, durchaus nützlich sein.

Datenbank

Datenbanken speichern Informationen so, daß sie sich nach unterschiedlichen Gesichtspunkten oder Kriterien durchsuchen und ordnen lassen. Eine Adressenliste, die als Datenbank gebaut ist, läßt sich nicht nur nach den Namen der darin genannten Personen gliedern, sondern zum Beispiel auch nach den Postleitzahlen der Orte, in denen sie wohnen. Eine Datenbank, die Artikel und Aufsätze aus Zeitschriften verzeichnet, läßt sich so aufbauen, daß man ihr ganz unterschiedliche Fragen stellen kann: Zeige mir sämtliche verzeichneten Artikel eines bestimmten Verfassers, sämtliche Artikel aus einer bestimmten Zeitschrift, sämtliche Artikel zu einem bestimmten Thema oder Stichwort, die Artikel, in deren Titel die Zeichenketten »Literatur« und »Internet« vorkommen usw. Der Möglichkeiten sind viele, und man kann sich hier manch Nützliches ausdenken.

Man tut allerdings gut daran, die Schwierigkeiten nicht zu unterschätzen. Reichlich Zeit zur Einarbeitung und zum Studium des Handbuchs sollte erübrigen können, wer sich darauf einlassen will. Programme wie D base, Lotus-Approach oder Microsoft-Access liefern nämlich (von ein paar Beispielen abgesehen) keine fertigen Datenbanken, sondern bieten einen Baukasten zu ihrer Erstellung. Hier ist viel Raum zur Verwirklichung individueller Vorstellungen (wenn man erst einmal weiß, was man sich überhaupt »vorstellen« kann), aber auch Gelegenheit, in Sackgassen und auf Holzwege zu geraten. Der Zusammenbau der Elemente, die der Datenbankbaukasten liefert, will genau überlegt sein: Auf welche Felder sollen die verschiedenen Informationen verteilt werden? Wie viele Zeichen und welche Arten von Zeichen – Text, Zahlen, Datumsangaben und anderes – sollen diese Felder fassen können? Wie soll die Datenbank genutzt und durchsucht werden? In welcher Form sollen Such- oder Sortierergebnisse am Bildschirm oder über den Drucker ausgegeben werden? Wie sollen und können verschiedene Datenbanken miteinander verknüpft werden? Für schreibende Leute mit einer Neigung zu Archiven und Sammlungen kann der Umgang mit Datenbankprogrammen eine reizvolle und lohnende Angelegenheit sein, er gehört aber schon zur »höheren Mathematik« des Computerwesens, ist irgendwo auf halbem Wege zwischen dem Anwenden von Anwendungen und der Kunst des Programmierens angesiedelt.

Wer sich auf das Basteln am elektronischen Schreibtisch nicht einlassen will, kann sich Datenbanken, die für spezielle Zwecke vorgefertigt wurden, nützlich machen – die schon erwähnten Adreßbuchprogramme, Programme zur Organisation von Bücher-, Bilder- oder Videokollektionen, spezielle Programme zur »Literaturverwaltung«, zum Festhalten und Organisieren bibliographischer Angaben, oft verbunden mit der Möglichkeit, die einzelnen Einträge mit Notizen zu ergänzen. Wer sich zwischen den eigenen Büchern, aufgrund welcher Ordnungsschemata auch immer, zurechtfindet, kann auf die stets mühevolle Erstellung eines computergestützten Gesamtkatalogs wohl getrost verzichten. Aber eine Datenbank, in der interessante, erhaltenswerte Zeitschriftenaufsätze und Zeitungsartikel verzeichnet werden, die schon bald nach der Lektüre kaum noch auffindbar sind, könnte sinnvoll sein.

Präsentationsprogramme

– gehören zu einem Software-Genre, das vor allem für Unternehmen, Organisationen und Behörden entwikkelt wurde: zur grafischen, typografischen und multimedialen Bereicherung von Abteilungskonferenzen, Vorstandssitzungen, Aktionärsversammlungen mit den Mitteln des Computers; zur Vorstellung und Veranschaulichung von Produkten, Bilanzen, Strategien durch optisch aufbereitete Stich- und Schlagworte, Merksätze, Kernthesen, Statistiken, Diagramme, Karten, Bilder. Präsentationsprogramme ermöglichen es, Texte, Bilder, Grafiken und andere digitalisierte »Objekte«, auch bewegte oder »animierte« Elemente, Audio- und Videosequenzen, zusammenzutragen und auf Bildschirmtafeln miteinander zu kombinieren. Eine solche Präsentation kann dann auf einem oder mehreren Computerbildschirmen oder unter Verwendung von aufwendigem Projektionsgerät auf einer Leinwand vorgeführt werden. Sie läßt sich aber auch auf CDs speichern und vervielfältigen und sogar (abzüglich eventueller Animationseffekte) auf Papier oder Transparentfolien drucken – kein Film, aber ein mit allerlei Zusatzeffekten garnierter Diavortrag.

Mit dem elektronischen Schreibtisch eines gewöhnlichen Schreibenden hat das alles auf den ersten Blick nichts zu tun. Wer sich jedoch bisweilen von seinem Schreibtisch erhebt, um einen dort verfaßten Vortrag oder eine dort vorbereitete Schulstunde zu halten oder aus einem dort geschriebenen Text vorzulesen, und wer seine Rede bei solchen Anlässen schon mittels eines Dia- oder eines Overheadprojektors mit Fotos und anderen Vorlagen sinnvoll unterfüttert hat, der könnte über den vielfältigen Möglichkeiten, die solche Präsentationsprogramme bieten, wohl ins Nachdenken und Phantasieren geraten.

Sie tragen Namen wie »Freelance Graphics« oder »Powerpoint« oder »Corel Presentations« und treten nicht nur als Einzelprodukte in Erscheinung, sondern oft (preisgünstig und unvermutet) zusammen mit anderen Büroanwendungen in Kombinationspaketen wie »Lotus SmartSuite« oder »Microsoft Office« oder »Corel Wordperfect Suite«. Möglich, daß mancher, ohne es recht zu ahnen, über ein solches Programm schon verfügt.

Wer sich darauf einläßt, sollte sich die vorgefertigten Schablonen, Layouts, Hintergründe, die diese Programme bereithalten, nicht aufdrängen lassen, sondern zusehen, wie er an lästigen Assistenten und Hilfestellungen vorbei zu einer leeren Seite gelangt, und dort anfangen. Der grafische Schnickschnack, die farbigen Seitenhintergründe, die häßlichen Bildchen, »Clip-Arts« genannt – alles das will Geschäftsleuten imponieren oder vielmehr Leuten, die tatsächlich so sind, wie Softwarefabrikanten sich Geschäftsleute vorstellen: für alles Schnelle, Schnittige und Schicke leicht zu haben.

Den Plunder aus dem Weg zu räumen ist nicht die einzige Schwierigkeit im Umgang mit Präsentationsprogrammen. Eine andere besteht in der Vorführung einer Präsentation selbst. Aus Schrift und Bild läßt sich am Computer allerlei Aussagekräftiges und Ansprechendes zusammenbauen, zumal wenn man über einen Scanner verfügt (vgl. S. 113 ff.). Zu bedenken ist jedoch, daß es nicht immer und überall so einfach sein wird wie am eigenen Computer, eine solche Präsentation auch tatsächlich vorzuführen. Dazu benötigt man nämlich nicht nur einen PC, sondern auch einen »Videobeamer«, ein Gerät, das imstande ist, alles, was am Computerbildschirm sichtbar wird, auf eine Leinwand zu projizieren. Diese Apparate sind teuer und noch keineswegs so weit verbreitet wie Dia- oder Overhead-Projektoren. Außerdem gehört zur Vorführung einer Präsentation selbstverständlich die Datei, in der diese gespeichert ist, und auch deren Transport will bedacht sein: Präsentationsdateien haben nämlich, wie es scheint, die unangenehme Eigenschaft, sehr rasch und zwar in Megabyte-Schritten zu wachsen. Infolgedessen lassen sie sich auf gewöhnlichen Disketten kaum von Ort zu Ort schaffen. Große, transportable Speicher sind notwendig: mobile Festplatten, ein Laptop-Computer, eine selbstgebrannte CD oder dergleichen.

Die einzelnen Bildschirmtafeln einer Präsentation lassen sich jedoch, wie schon gesagt, nicht nur als vollkommen digitalisierte Bildschirmschau vorführen. Sie lassen sich auch drucken: auf Papier als Handzettel oder auf Transparentfolien für die Overhead-Projektion; sie lassen sich in Internet-Seiten umwandeln, und Freelance Graphics ermöglicht auch das Abspeichern einer Präsentationsdatei in einem Format, aus dem ein Fotolabor einen Satz gewöhnlicher 35mm-Dias herstellen kann.

Zip-Software zur Datenkompression

Auch auf einer großen Festplatte ist der Speicherplatz begrenzt, und viele Programme gehen keineswegs sparsam mit dieser irgendwann unweigerlich knapp werdenden Ressource um. Ein unter Word 97 gespeichertes Leerzeichen macht sich auf meiner Festplatte in einer Datei von immerhin 19456 Bytes breit. »Gezippt« nimmt es nur noch 2233 Bytes ein – für ein Leerzeichen, könnte man sagen, immer noch reichlich Raum, aber der Gewinn ist doch beträchtlich, er beträgt fast 89 Prozent.

Das englische Verb *to zip* bedeutet beides: »mit einem Reißverschluß öffnen« und »mit einem Reißverschluß verschließen«, und zu beidem sind Zip-Programme imstande. Aber da diese beiden Vorgänge in den meisten Lebenslagen zu ganz unterschiedlichen Ergebnissen führen, wird zumindest im Computer-Englischen klar unterschieden zwischen *to zip* = »Daten verschließen, komprimieren, packen« und *to unzip* = »komprimierte Daten öffnen, entkomprimieren, entpacken«.

Programme wie »WinZip« oder »Zip-Genie« erstellen Zip-Archive mit der Dateiendung *.zip*, in denen sie eine oder mehrere Dateien, auch ganze Dateiordner, auf vergleichsweise engem Raum zusammendrängen. Ein solches Archiv kann man, wie mit einem Reißverschluß, rasch verschließen und ebenso rasch, mit einigen Mausklicks, auch wieder öffnen – nämlich dann, wenn man die dort komprimierten Dateien wieder lesen will. Sie werden dann dekomprimiert und stehen anschließend in ihrer ursprünglichen Form zur Verfügung.

Sparsamer Umgang mit knappem Festplattenplatz ist aber nur *ein* Nutzen, den solche Programme bieten. Hilfreich sind sie auch, wenn es darum geht, umfangreiche Dateien weiterzugeben oder zu verschicken. Auf einer Diskette, die allenfalls 1,4 MB gewöhnlicher Daten zu fassen vermag, lassen sich in »gepackter« Form auch erheblich größere Dateien unterbringen. Und wenn eine Großdatei trotz Kompression das Fassungsvermögen einer Diskette übersteigt, bietet das Zip-Programm die Möglichkeit, sie auf mehrere Disketten zu verteilen dergestalt, daß der Empfänger die verschiedenen Dateistücke nachher wieder zu einem lauffähigen Ganzen zusammensetzen kann.

Ihren größten Nutzen aber entfalten die Zip-Programme wohl im Internetverkehr, indem sie beim Zeit- und Gebührensparen helfen. Die Übermittlung einer durch Kompression um die Hälfte verkleinerten Datei dauert eben nur halb so lange wie der Transfer derselben Datei in Originalgröße. Deshalb bekommt es jeder, der sich etwas ausgiebiger im Internet umtut, über kurz oder lang mit komprimierten Dateien zu tun, namentlich an Plätzen, von denen sich umfangreiche Dateien herunterladen lassen, etwa Software oder ganze elektronische Bücher.

In dieser platzsparenden Weise lassen sich Daten erfolgreich aber nur übermitteln, wenn sowohl der Sender als auch der Empfänger über ein Zip-Programm verfügen – ersterer zum Einpacken, letzterer zum Auspacken der Daten. Ein Programm dieses Typs gehört also für alle, die ihren elektronischen Schreibtisch mit dem Internet verbinden wollen (dazu mehr S. 122 ff.), zu den besonders wichtigen Ergänzungen ihrer Software.[3]

Der Sender kann dem Empfänger die Beschaffung und Installation eines Zip-Programms und das Entpacken der empfangenen Daten allerdings ersparen, wenn er seine komprimierten Daten in Gestalt eines *self-extracting file*, einer »sich selbst entpackenden Datei« schickt. Eine solche Datei funktioniert wie eine Programmdatei. Sie hat die Endung *.exe* und läßt sich vom Empfänger mit einem einfachen Klick auf den Dateina-

[3] »ZipGenie« von Volker Kammels wird in der *Goldenen Reihe* von Data Becker bereitgehalten. WinZip steht an vielen Stellen im Internet zum Download bereit, z.B. unter der Adresse *http://www.winzip.com*. Das .zip-Format ist das gebräuchlichste, aber nicht das einzige Format, das zur Datenkompression verwendet wird. Andere Formate wie *.z*, *.arj* oder *.lha* werden im Internet ebenfalls verwendet. Zip-Programme können in der Regel verschiedene Formate entpacken. An Internet-Plätzen, wo weniger gebräuchliche Komprimierungsformate verwendet werden, finden sich meist Hinweise darauf, wo die für das Auspacken der Dateien erforderlichen Programme zum Download bereitstehen.

men starten, das heißt in diesem Fall: aufschließen und entpacken. Zum Funktionsumfang von Programmen wie WinZip und Zip-Genie gehört auch die Möglichkeit, solche *self-extracting files* selbst herzustellen.

Der Packerfolg fällt bei Dateien aus unterschiedlichen Programmen sehr unterschiedlich aus. Ein so hoher Kompressionsgrad wie bei der erwähnten Leerzeichendatei läßt sich wohl selten erreichen. Bei Word-Dateien ist er aber in der Regel doch beträchtlich: Eine mehr als 500 Druckseiten füllende Übersetzung von 1,35 MB schrumpft um 64% auf 481 KB. Die so rasch anschwellenden Megadateien von Bildschirmpräsentationen (vgl. S. 98 ff.) dagegen lassen sich im Falle von Powerpoint offenbar gar nicht und im Falle von Freelance Graphics nur um etwa ein Viertel verkleinern. Bilddateien (vgl. S.116 f.), die als Bitmap im *.bmp*-Format gespeichert sind, lassen sich deutlich verkleinern, solche, die bereits in einem Kompressionsformat wie *.jpg* vorliegen, sind durch »Zippen« nicht weiter zu reduzieren.

Von hilfreichen Geräten und Programmen zur Herstellung, Bearbeitung und Archivierung von digitalen Bildern und zur optischen Erkennung von Text wird weiter unten im Abschnitt über den Scanner (S. 113 ff.) noch die Rede sein. Auf Helfer-Programme, die sich bei Ausflügen in die Online-Sphäre nützlich machen können, wird im Abschnitt über das Internet (S. 126 f.) hingewiesen. Und von Anhäufungen nützlicher Daten und Informationen auf gewissen Silberscheiben handelt der besonders lückenhafte dritte Vorschlag (S. 106 ff.).

Anhang: Der Windows-Ordner Autostart

Eine Möglichkeit, den elektronischen Schreibtisch so einzurichten, wie man ihn täglich vorfinden möchte, bietet der Ordner »Autostart« in Windows 95/98. In ihm läßt sich festlegen, welche Programme beim Einschalten des Computers automatisch gestartet werden sollen, so daß sie nachher direkt über die Task-Leiste aufgerufen werden können. Durch den Automatikstart mehrerer Programme verlängert sich zwar die Zeit, die der Computer nach dem Einschalten zum Erreichen der Betriebsbereitschaft benötigt, man erspart sich jedoch für den Rest des Arbeitstages die Unterbrechungen, die sonst durch das Aufsuchen und Starten von häufig benutzten Programmen eintreten würden. Die Auswahl der Anwendungen, die automatisch gestartet werden sollen, ist sorgfältig zu bedenken, denn jede von ihnen nimmt nach dem Start Arbeitsspeicher für sich in Anspruch. Wer über viel Arbeitsspeicher verfügt, kann sich das Nebeneinander mehrerer Programme eher leisten als derjenige, auf dessen Rechner das »Random Access Memory« knapp bemessen ist.

Für Leute, die schreiben, ist der erste und wichtigste Anwärter für den Autostart-Ordner wahrscheinlich das Schreibprogramm selbst. Weitere denkbare Kandidaten sind: ein Terminkalender-, Adreßbuch- und Notizbuchprogramm, der Windows-Taschenrechner, vielleicht auch die Scanner-Software zur Bilderfassung und Texterkennung. Wer ein elektronisches Postfach besitzt und regelmäßig hineinschauen will oder wer während der Arbeit gelegentlich eine nur online erreichbare Informationsquelle befragen will, dem wird auch die direkte Verfügbarkeit der Programme für den Zugang zum Internet hilfreich sein.

Und dies ist in Windows 95/98 der Weg zum Ordner »Autostart«: **Start** ⇒ **Einstellungen**⇒ **Task-Leiste** ⇒ **»Programme im Menü ›Start‹«** ⇒ **»Erweitert«.**

Es öffnet sich mit seinen beiden Fenstern der »Explorer«. Nach einem Klick auf das Plus-Zeichen vor »Programme« erscheint eine Liste mit eben diesen, unter ihnen auch der Eintrag »Autostart«. Ein Klick auf »Autostart« läßt im rechten Fenster ein leeres Feld oder aber die Liste der schon für den Autostart präparierten Programme erscheinen.

Über **Datei** ⇒ **Neu** ⇒ **Verknüpfung** wird ein Dialogfeld zur Erzeugung einer Verknüpfung[4] aufgerufen, in dem man den Pfad zu dem Programm, das aufgenommen werden soll, und dessen Dateinamen eingeben kann. Wenn Pfad und Dateiname nicht bekannt sind, kommt man mit **Durchsuchen** weiter. Der Taschenrechner z.B. findet sich wahrscheinlich im Verzeichnis »C:\Windows«, und sein Dateiname ist »calc.exe«. Der Name der Programmdatei von Word lautet »winword.exe«. Sie befindet sich möglicherweise im Ordner »C:\Programme« oder einem seiner Unterordner.

Durch einen Doppelklick z.B. auf »calc.exe« oder »winword.exe« werden die nötigen Angaben auf der Registerkarte »Verknüpfung erstellen« eingetragen. Nach der Betätigung von **Weiter** ist noch Gelegenheit, einen Namen für die Verknüpfung zu vergeben oder den vorgeschlagenen zu akzeptieren.

Zuletzt also **Fertig stellen** und die Änderungen mit **OK** bestätigen.

---

[4] Eine solche Verknüpfung ist nichts weiter als eine kleine Datei, die einen Verweis auf ein Programm (oder auf eine bestimmte Datei) enthält. Löscht man die Verknüpfung, wirkt sich dies auf das eigentliche Programm oder die Datei nicht aus.

Die Beseitigung eines Programms aus dem Ordner Autostart ist rascher erledigt als die Installation und auch rascher erklärt: Man klickt den betreffenden Eintrag mit der rechten Maustaste an und wählt in dem sich öffnenden Kontextmenü **Löschen**. Wohlgemerkt: hierdurch wird *nur die Verknüpfung gelöscht* – das Programm selbst bleibt unangetastet.

3. Bringen Sie das CD-Laufwerk zum Laufen

Die meisten werden es längst wissen – ich aber hatte auf meinem Rechner ein CD-Laufwerk schon lange installiert, bevor ich begriff, daß sich auf ihm auch gewöhnliche Musik-CDs abspielen lassen. Ohne großen Aufwand: indem man in die Buchse an der Frontseite des CD-Laufwerks einen Kopfhörer stöpselt und das Rädchen daneben als Lautstärkeregler verwendet. Mit mehr Aufwand: indem man den Computer mit einer »Soundkarte« und Lautsprecherboxen ausstattet oder ausstatten läßt. Das CD-Laufwerk erkennt eine Musik-CD als solche und beginnt nach dem Einlegen automatisch mit dem Abspielen in der richtigen Geschwindigkeit. Dabei wird der in Windows 95/98 integrierte CD-Player (**Start** ⇒ **Programme** ⇒ **Zubehör** ⇒ **Multimedia** bzw. **Unterhaltungsmedien** ⇒ **CD-Wiedergabe**) gestartet. Mit seiner Hilfe läßt sich die Musikwiedergabe ähnlich steuern wie bei einem gewöhnlichen CD-Abspielgerät.

Die Erweiterung des Computers um Soundkarte und Lautsprecherboxen ist aber nicht nur für diejenigen von Interesse, die musikalische Untermalung oder Abwechslung am elektronischen Schreibtisch schätzen. Nützlich machen sich diese Zusatzgeräte vor allem

beim Umgang mit »multimedialen« CD-Nachschlage-
werken. In der Regel funktionieren digitale Enzyklopädien und Wörterbücher auf CDs zwar auch dann, wenn
die unter der Überschrift »Systemanforderungen« auf
der Verpackung genannte Audio-Ausstattung nicht vorhanden ist. Sie behalten in diesem Falle allerdings alles
Akustische für sich: nicht nur die Stimme Konrad Ade-
nauers und die Nationalhymne von Portugal, sondern
auch den Klang eines biblischen Schofar oder Widder-
horns und die Aussprache von *schedule* in britischem
und amerikanischem Englisch. Auch im Internet ist
Hörenswertes zu finden, z.B. das Archiv der lesenden
Dichter auf der Literaturseite des Deutschlandfunks, das
sich ohne Audio-Ausstattung naturgemäß nicht erschließt (vgl. S. 244).

Aber wichtiger als die Töne sind und bleiben die
Texte, auch bei einer Multimedia-Enzyklopädie. Sehr
rasch, durch Eingabe eines Begriffs in eine Suchmaske,
läßt sich in einem CD-Nachschlagewerk ein Stichwort
auffinden. Ohne Wälzerschleppen und Wälzerwälzen
lassen sich Querverweise verfolgen. Sie sind farblich
hervorgehoben und als »Hyperlinks« ausgelegt. Mit einem Mausklick auf einen solchen gleichsam automati-
sierten Querverweis gelangt man zu der Stelle, auf die
verwiesen wird, und mit Hilfe einfach zu bedienender
»Navigations«-Schaltflächen auch wieder zurück. Die
»Volltextsuche« bietet oft eine Möglichkeit, mit der gedruckte Lexika schlechterdings nicht aufwarten können: nicht nur die Liste der Schlagwörter, sondern der
gesamte Text des Nachschlagewerks läßt sich durchsuchen – eine gute Chance, Hinweise zu Personen oder
Sachen ausfindig zu machen, denen kein eigener Artikel, wohl aber eine Erwähnung irgendwo im Textmassiv
zuteil wurde. Die einschlägigen Artikel, die etwa die

Britannica- oder die Encarta-Enzyklopädie zu einem bestimmten Sachgebiet enthalten, lassen sich ausfindig machen, indem man die Liste sämtlicher Stichworte mit Hilfe von »Filtern« thematisch, räumlich und zeitlich eingrenzt – z.B. Literatur/Rußland/19. Jahrhundert.

Eine Verbindung in die Online-Sphäre ist keine unabdingbare Voraussetzung für die Nutzung einer Lexikon-CD, sie erweitert bei manchen von ihnen aber das Spektrum der Möglichkeiten: Artikel werden durch Hyperlinks zu ausgewählten Internet-Plätzen ergänzt, an denen weiterführende Informationen zu finden sind. Einige Lexikonredaktionen stellen im Internet auch regelmäßig Aktualisierungen bereit, die der Nutzer dort abrufen und auf den eigenen Computer herunterladen kann.

So komfortabel der Umgang mit großen Ansammlungen von Wörtern, Bildern und Tönen, die die Gestalt einer CD angenommen haben, in vieler Hinsicht ist – wirklich praktisch ist das alles nur, wenn der Computer ohnehin schon läuft. Von blitzschnellem Zugriff kann keine Rede mehr sein, wenn zur Konsultation eines elektronischen Nachschlagewerkes die Lesemaschine erst angeworfen und hochgefahren werden muß. Auch wird es sich bei intensiver Nutzung mehrerer Lexika dieser Art als Nachteil erweisen, daß man am Bildschirm zwischen ihnen nicht ohne weiteres vergleichen kann, so wie sich Bücher nebeneinander legen und nebeneinander lesen lassen. Sofern der Arbeitsspeicher ausreicht, ist es jedoch immerhin möglich, gleichzeitig mehrere CD-Lexika am Bildschirm geöffnet zu halten – es muß nur, *bevor* eines von mehreren geöffneten Werken aktiviert wird, die jeweils erforderliche Silberscheibe eingelegt werden.

Mit multimedialen Attraktionen haben Enzyklopädien schon immer renommiert, zumindest seit Diderot und d'Alembert die ihre mit elf Bänden voller Kupferstiche bereicherten. Und es war gewiß kein geringer Reiz zum Erwerb sowohl der Folianten als auch des in ihnen bereitgehaltenen Wissens, der von den prächtigen Chromolithographien der Konversationslexika des 19. Jahrhunderts ausging. Doch alle Pracht und aller Aufwand sind vergebens, wenn die Substanz, der Text, nichts taugt. Vorsicht ist angebracht, wo der multimediale »Hype« mit grellem Auftreten und dreisten Versprechungen nüchterne Brauchbarkeitserwägungen wegzuwischen versucht. Die Liste nützlicher CDs, die hier folgt, erhebt keinen Anspruch auf Vollständigkeit. Sie umfaßt nur solche Silberscheiben, die sich mir bei der Arbeit am elektronischen Schreibtisch gelegentlich nützlich machen.

Encyclopaedia Britannica

Multimedia Edition 98. Etwa 72 000 Artikel in englischer Sprache – wahrscheinlich das zur Zeit umfangreichste und inhaltlich solideste digitale Nachschlagewerk auf 2 CDs: »Multimedia Disc« und »Advanced Search Disc« (eine dritte CD dient zur Installation). Auf beiden Scheiben ist der Text der Lexikonartikel komplett enthalten, so daß sie beim Lesen und Nachschlagen nicht allzu häufig gewechselt werden müssen. Zur Volltextsuche dient die »Advanced Search Disc«.

LexiRom Version 3.0

Die von Microsoft zusammengestellte CD enthält eine Sammlung unterschiedlicher, teilweise zu klein ausgefallener Nachschlagewerke, die sich einzeln oder auch zusammen durchsuchen und konsultieren lassen. Aus der Duden-Reihe: Die deutsche Rechtschreibung in alter und neuer Version, das Fremdwörterbuch sowie Sinn- und sachverwandte Wörter / Meyers Lexikon in drei Bänden / Langenscheidts Taschenwörterbuch Englisch-Deutsch und Deutsch-Englisch / Ein »Weltatlas« mit detailarmen Karten unerklärter Provenienz. – Mit Hilfe eines interessanten Unterprogramms »Quick-Shelf« kann man aus anderen Microsoft-Programmen, auch aus Word 97, unter **Extras** ⇒ **Referenz nachschlagen** direkt auf die Bücher der LexiRom zugreifen: gesucht wird, wenn man nichts anderes eingibt, nach dem Wort, in dem die Einfügemarke steht.

Bookshelf 98

Das amerikanische Pendant zur LexiRom, ebenfalls von Microsoft zusammengestellt, ein kleines Bücherregal mit einer englischsprachigen »Reference Library«: The American Heritage Dictionary of the English Language / Roget's Thesaurus of English Words and Phrases (ein Synonymenlexikon) / The Columbia Dictionary of Quotations / The Encarta 98 Desk Encyclopedia / The Encarta 98 Desk World Atlas / The People's Chronology / The World Almanac and Book of Facts 1997 / Internet Directory 1998 / Computer and Internet Dictionary. – Die Encarta »Desk«-Encyclopedia und der »Desk«-World-Atlas sind nur dürftige Miniaturausgaben ihrer ausgewachsenen Entsprechungen.

Encarta 99 Enzyklopädie

33 500 Artikel, 7700 Abbildungen, 1000 Karten, 2000 Audiosequenzen, auf zwei CDs. Außerdem gibt es eine

Encarta Plus, die von alledem ein bißchen mehr enthält. In welcher Version auch immer – das bislang beste und umfangreichste allgemeine Lexikon in deutscher Sprache auf einer CD stammt von der Microsoft Corporation. Die deutsche Encarta ist keine bloße Übersetzung der amerikanischen Version. Zahlreiche Artikel wurden eigens für diese Ausgabe verfaßt. Gerade weil sich die verschiedenen Ausgaben deutlich voneinander unterscheiden, könnte die Anschaffung auch der britischen oder der von dieser wiederum unterschiedenen amerikanischen Ausgabe für Englisch-Übersetzer und andere Anglophile ein Gewinn sein. Eine willkommene Ergänzung könnte auch der **Encarta-Weltatlas** sein. Die Encarta soll einem 29-bändigen Lexikon entsprechen, die Plus-Version einem mit 30 Bänden.

Der Brockhaus multimedial

Der Umfang der Brockhaus-CD soll einem 15-bändigen Lexikon entsprechen. Dabei enthält sie fast doppelt so viele Artikel wie die Encarta: 66 000 Einträge, die sich in insgesamt 144 000 Stichwörter gliedern. Die Sache erklärt sich so: Im Artikel »Fischer« z.B. finden sich 19 Untereinträge von »Aloys, Pädagoge…« über »Joseph (Joschka), Politiker…« bis zu »Ulrich, evang. Theologe«. Mehr Stichwörter, mehr Namen also als in der Encarta. Allerdings gehen viele Einträge im Brockhaus über den Umfang einer Worterklärung nicht hinaus. Da, wo die Encarta und der Brockhaus Artikel zum selben Stichwort bieten, ist die Encarta vielfach um mehr als das Doppelte ausführlicher. Ausführlichkeit der einen und Detailreichtum der anderen Enzyklopädie ergänzen einander in gewisser Weise.

Deutsche Literatur von Lessing bis Kafka

Dieses digitale Textarchiv bietet einen reichhaltigen Querschnitt durch die literarischen Epochen zwischen 1750 und 1925: mehr als siebenhundert Romane, Erzählungen, Dramen, Epen, Aufsätze, Abhandlungen, Reden, Reisebeschreibungen, Gedichtsammlungen auf 102 385 Seiten in sorgfältig edierter, zitierbarer Gestalt. Als Vorlage dienten solide Klassikerausgaben aus namhaften und genannten Verlagen. Die gesamte CD oder einzelne Werke und Werkgruppen kann man nach Stichwörtern, Namen, Motiven durchsuchen. Ein ähnlich dimensioniertes Archiv mit Texten aus der europäischen Geistesgeschichte seit der Antike bietet die CD **Philosophie von Platon bis Nietzsche**.

Die technischen Mindestanforderungen, die diese CDs an einen Computer stellen, sind in vielen Punkten ähnlich. Zu beachten ist allerdings, daß die CD-Hersteller ihre diesbezüglichen Angaben gern so formulieren, daß sich möglichst wenig potentielle Käufer ausgeschlossen oder abgeschreckt fühlen. Mit einem Prozessor, der ein paar Takte schneller arbeitet oder gar eine Stufe höher angesiedelt ist, als dies in den »Systemvoraussetzungen« gefordert wird, mit einem schnelleren CD-Laufwerk und einem größeren Arbeitsspeicher wird sich der Betrieb eines digitalen Nachschlagewerks in jedem Fall merklich zügiger gestalten als bei der schlichten Erfüllung folgender Minimalbedingungen. **Computer**: 486er/66MHz. – **CD-Laufwerk**: Double-Speed (lieber 8-fache Geschwindigkeit oder mehr). – **Betriebssystem**: Windows 95 oder höher. – **Grafikmodus**: SuperVGA, 256 Farben. Der Brockhaus verlangt 800x600 Pixel Auflösung und 65 000 Farben. – **Arbeitsspeicher**: 4 MB für die LexiRom, 16 MB für die Britannica und den Brockhaus, für alle anderen 8 MB. – **Speicherplatz auf der Festplatte**: zwischen 5 MB für die LexiRom und 75 MB für den Brockhaus. – Soundkarte und Internetzugang sind nützlich, aber nicht notwendig. Ohne Maus hingegen geht es nicht.[5]

4. Ziehen Sie die Anschaffung eines Scanners in Erwägung

Scanner sind Dokumenten-Fotografier-Apparate. Wie Fotokameras sind sie imstande, Licht- und Farbunterschiede festzuhalten, nur daß sie diese nicht »analog« in eine Filmbeschichtung aus Silberbromid schreiben, sondern in digitale Daten umwandeln, die man mit Hilfe des Computers lesen, verarbeiten, speichern und mit digitalen Daten anderer Herkunft kombinieren kann. Mit einem Scanner lassen sich farbige oder schwarzweiße Bildvorlagen und Strichzeichnungen, also auch Schriftliches, in Computerdateien umwandeln und festhalten. Die digitalen Daten bleiben »flüssig«. Sie können mit Hilfe verschiedener Programme nachträglich oder schon während der Aufnahme modifiziert werden. Bei Bildern können Format, Auschnitt, Kontrast, Farbwerte verändert und allerlei andere Retouchen vorgenommen werden. Gedruckte Texte, die mit einem Scanner zunächst als digitales Bild aufgezeichnet wurden, lassen sich mit einem Text- oder richtiger: Zeichen-Erkennungsprogramm in digitalen Text umformen, der wie jeder andere über die Tastatur eingegebene Text mit einem Schreibprogramm weiterbearbeitet werden kann.

[5] Ausführlichere Rezensionen der Encarta und der CD »Deutsche Literatur von Lessing bis Kafka« finden sich in meinem Elektroarchiv: *http://members.aol.com/ reinkaiser/index.htm* unter der Rubrik »Electronica«.

Zum Lieferumfang eines Scanners gehört in der Regel auch die Software, die für seinen Betrieb nötig ist – ein Texterkennungs- oder OCR-Programm (*Optical Character Recognition*) und ein Programm zur Bildbearbeitung – allerdings oft in einer nicht mehr ganz aktuellen oder um einige Funktionen erleichterten Version.[6]

Es gibt verschiedene Typen von Scannern, aber nur einen, der sich auf dem elektronischen Schreibtisch als wirklich hilfreich erweist. *Handscanner*, die aus der freien Hand gleichmäßig über die Vorlage gezogen werden müssen, sind zur Erfüllung ernsthafter Aufgaben ungeeignet. Sie sind nicht breiter als 12 Zentimeter, können also nicht einmal Bilder von Postkartenbreite, geschweige denn Din-A4-Seiten in einem Zug aufzeichnen, und ein Schlenker mit der Hand führt leicht zu Verzerrungen. *Einzugscanner* liefern brauchbare »Scans« von einzelnen Din-A4-Seiten. Kleinere Vorlagen jedoch werden gelegentlich schief eingezogen, und mit Büchern oder Zeitschriften darf man einem Einzugscanner schon gar nicht kommen. Wirklich tauglich sind allein die sogenannten *Flachbettscanner*. Wie bei einem Fotokopierer wird die Vorlage, ob Zeitungsausschnitt, Fotoabzug, Briefmarke oder Konversationslexikon, auf eine Glasscheibe unter einen Deckel gelegt und von unten eingelesen.[7]

Einfache Scanner lassen sich über den Ausgang für den Drucker mit dem Computer verbinden. Vorteilhaft, weil schneller, ist aber die Verbindung über eine sogenannte SCSI-Schnittstelle, eine »Karte« mit Steckbuch-

---

[6] Zum »Zubehör« von Windows gehört seit der Version 98 auch ein Bildbearbeitungsprogramm: »Imaging«.

[7] An seine Grenzen stößt der gewöhnliche Flachbettscanner bei Dias und anderen »Durchlichtvorlagen«. Manche Flachbettscanner lassen sich mit Durchlichtaufsätzen erweitern, und speziell für die Verarbeitung von Filmmaterial gibt es spezielle Filmscanner.

se, die sich in den PC einbauen läßt und manchmal als Zubehör mit dem Scanner geliefert wird.

Alle Fragen des Anschlusses sollte man beim Kauf eines Scanners so genau wie möglich klären und auch nicht vergessen, Namen und Telefonnummer jener fachkundigen Person zu notieren, die, wenn nötig, *gern* bereit ist, Rat und Hilfe zu geben. Wem das Elektronikbasteln ohnehin nicht liegt, der ist vielleicht gut beraten, wenn er von vornherein eine solche fachkundige Person mit der Installation des Scanners beauftragt (und könnte sich bei dieser Gelegenheit durch den Anschluß bzw. Einbau eines Modems oder einer ISDN-Karte auch gleich den Weg ins Internet ebnen lassen. Siehe S. 124).

Beim Scannen werden oft sehr große Dateien erzeugt. Nachher lassen sie sich zwar komprimieren, zunächst jedoch bekommt es der PC mit Dateien zu tun, die für einen einzigen Scan leicht den Umfang von 10 MB und mehr annehmen können, je nachdem welcher Scan-Modus – Farbe, Graustufen, Schwarzweiß – und welche Bildauflösung (gemessen in dpi = *dots per inch*) gewählt wurde. Zur Bewältigung solcher Datenmengen bedarf es eines möglichst flotten Rechners und vor allem eines wohldimensionierten Arbeitsspeichers. Wer während eines Scanvorgangs nicht alle anderen Programme abschalten will, dem ist mit einem Arbeitsspeicher von 32 MB oder mehr besser gedient als mit 16 MB.

Detaillierte Anleitungen zum Gebrauch eines Scanners würden den Rahmen dieses Buches sprengen (vgl. die Hinweise im Literaturverzeichnis). Eine knappe Darstellung der wesentlichen Schritte beim Digitalisieren von Bildern und Schriftstücken soll jedoch zumindest eine Vorstellung davon geben, wie sich ein solcher Dokumenten-Fotografier-Apparat auf dem elektronischen Schreibtisch nützlich machen kann.

Bilder scannen in vier Schritten

1. Der Scanner wird nach dem Einschalten, wenn nötig, bei der Systemsteuerung von Windows »angemeldet«. – Scanner, die über einen sogenannten SCSI-Controller mit dem PC verbunden sind, werden unter Windows *nicht* automatisch »erkannt«, wenn sie während einer Arbeitssitzung eingeschaltet werden. Zur »Anmeldung« ist ein Besuch in der »Systemsteuerung« nötig: **Start** ⇒ **Einstellungen** ⇒ **Systemsteuerung**. Hier wird die Rubrik **System**, anschließend die Registerkarte **Gerätemanager** und auf dieser die Schaltfläche **Aktualisieren** angeklickt. Es dauert ein Weilchen – dann erscheint in der Liste der elektronischen Geräte auch der Eintrag für den Scanner, der mit OK zu bestätigen ist.

2. Das Bildbearbeitungsprogramm wird gestartet, und mit einem Befehl wie »Holen« oder »Import« wird der Scan-Vorgang vorbereitet. – Schon an diesem Punkt lassen sich bestimmte Verfügungen in bezug auf die Bildbearbeitung und die Weiterverwendung der Scan-Daten treffen: Sollen sie sofort in einer Datei gespeichert oder zunächst ungespeichert dem Bildbearbeitungsprogramm übergeben werden? Oder sollen sie ungespeichert an den Drucker geschickt und von diesem ausgegeben werden?

3. Es erscheint ein Fenster, in dem die Art des Scans (Farbe, Graustufen, Strichzeichnung) und die Bildauflösung zu bestimmen sind.[8] In der Regel läßt sich an diesem Punkt ein Probe-Scan ausführen, bei dem mit geringer Bildauflösung und entsprechend höherem Tempo die ganze Auflagefläche des Scanners aufgenommen und

---

[8] Sollen die erzeugten Bilder nur am Bildschirm betrachtet werden, genügt eine Auflösung von 100 dpi. Soll ein Bild in der Originalgröße gedruckt werden, führt eine Bildauflösung von 300 dpi zu ansehnlichen Ergebnissen.

in einer »Vorschau« dargestellt wird. In dieser Vorschau kann man dann den Ausschnitt festlegen, den der endgültige Scan erfassen soll.

4. Der eigentliche Scan-Vorgang nimmt je nach Größe der Vorlage und abhängig von der gewählten Bildauflösung und dem Scan-Modus einige Zeit in Anspruch. Anschließend werden die Scan-Daten an das Bildbearbeitungsprogramm übergeben und können mit dessen Werkzeugen bearbeitet und in verschiedenen Formaten, die unterschiedlich viel Speicherplatz in Anspruch nehmen[9], gesichert werden.

Ein Text-Scan mit anschließender Texterkennung

1. Wie oben (S. 116) beschrieben wird der Scanner, wenn nötig, nach dem Einschalten durch Aktualisierung des Gerätemanagers in der Systemsteuerung von Windows »angemeldet«.

2. Das Texterkennungsprogramm wird gestartet, und mit »Holen«, »Go« oder einem ähnlichen Befehl wird die Operation eingeleitet.

3. Wie beim Bilderscannen erscheint ein Fenster, in dem als Scan-Modus »Strichgrafik« bzw. »Schwarzweiß« und eine Bildauflösung von 300 oder 400 dpi festgelegt werden muß. (Eine hohe Bildauflösung verbessert die Genauigkeit, mit der nachher die »optisch« aufgezeichneten Zeichen »erkannt« werden.) Wie beim Bilder-Scannen wird ein Probe-Scan ausgeführt und in der Vorschau der Ausschnitt bestimmt, der mit dem eigentlichen Scan erfaßt werden soll.

[9] Eine Bilddatei, die im Bitmap-Format (.bmp) 2 MB umfaßt, schrumpft im komprimierten JPG-Format auf 250 KB.

4. Die Textvorlage wird vom Scanner zunächst als Bild erfaßt und anschließend »gelesen«, d.h. in digitalisierten Text umgewandelt, der als Datei – z.B. in dem weithin kompatiblen Rich-Text-Format mit der Dateiendung .rtf – gespeichert oder in der Zwischenablage deponiert und von dort in ein Schreibprogramm übernommen werden kann.

5. Bessere Scanner in Verbindung mit guter OCR-Software (z.B. Omnipage oder Textbridge) erkennen nicht nur den Text als solchen, sondern übernehmen auch Zeichenformate wie Kursiv oder Fett, Schriftarten und Schriftgröße und eventuell das Layout, z.B. Spaltensatz, in die digitalisierte Datei. Mit den Mitteln des Schreibprogramms lassen sich solche Formatierungen ändern und den eigenen Vorstellungen anpassen.

Die optische Texterkennung ist (anders als die akustische![10]) inzwischen so ausgereift, daß man sie auch auf dem eigenen Schreibtisch mit Gewinn einsetzen kann. Aber fehlerfrei funktioniert sie keineswegs. Undeutliche Stellen in der Vorlage, dicht aneinander gerückte Buchstaben werden gelegentlich falsch interpretiert. Sonderzeichen werden mißverstanden. Stellen, die für das Programm völlig unleserlich sind, z.B. handschriftliche

[10] Die Zeit wird kommen, da man dem eigenen Computer einen Text diktieren kann, statt ihn über die Tastatur einzugeben – sofern man Lust dazu hat, mit der Maschine zu sprechen. Die Computerbranche versucht den, wie ich fürchte, täuschenden Eindruck zu erwecken, diese Technik sei schon heute so ausgereift, daß jeder sie sich für wenig Geld verfügbar machen kann. Jeglicher Erfolg hängt aber von allerlei Voraussetzungen ab, unter denen ein großer Arbeitsspeicher von mindestens 64 MB noch die geringste ist. Zu den Vorübungen gehört auch, daß der Nutzer dem Spracherkennungsprogramm die Eigentümlichkeiten seiner Stimme und seiner Ausdrucksweise einprägt - und es gehört wohl auch dazu, daß er lernt, so diszipliniert zu sprechen, wie die Maschine es verlangt. Dennoch: Schreibende, für die das Diktieren eine geläufige oder denkbare Technik zum Herstellen von Texten ist, sollten die Entwicklungen auf dem Gebiet der akustischen Spracherkennung aufmerksam verfolgen.

Zusätze, werden durch Platzhalterzeichen markiert. Texterkennungsprogramme gehen jeweils von einer bestimmten Sprache mit ihren Spezialzeichen und ihren orthographischen Eigenheiten aus und bieten unter Umständen die Möglichkeit, zwischen verschiedenen Sprach-»Brillen« etwa für Deutsch, Englisch und Französisch zu wählen, durch die sie die Vorlagen dann betrachten. Die Wahl der richtigen Brille erhöht die Erkennungsgenauigkeit. Eine sorgfältige Korrektur ist dennoch in jedem Fall nötig, wie ja auch beim gewöhnlichen Abschreiben.

Nutzanwendung

Der Scanner erschließt seinem Nutzer die Welt der Bilder und Zeichen nicht in allen, aber in weiten Bereichen. Wer sich als Nicht-Profi einmal mit Reproduktionsfotografie beschäftigt hat, weiß, wie schwierig es ist, mit den herkömmlichen fotografischen Mitteln akzeptable Ergebnisse zu erzielen. Der Scanner macht in dieser Beziehung vieles leichter, und er macht seine Sache in vieler Hinsicht gut. In digitalisierter Form hält er Fotos und Postkarten, gedruckte Bilder und Texte aus Büchern und Zeitschriften fest – eigentlich alles Flache, das mit Bild oder Schrift oder beidem versehen ist: Verpackungen und Streichholzetiketten, Rechnungen, Briefe, Autographen. Der Scanner weigert sich auch nicht, Gegenstände, die ihm auf die Glasplatte gelegt werden, abzutasten und aufzuzeichnen.

Digitale Bilder lassen sich auf vielfältige Art verwenden: Mit einem Farbdrucker kann man sie auf teures Spezialpapier drucken und sich nachher fragen, wie weit die Qualität solcher Ausdrucke hinter der von Fotos zurückbleibt. Man kann digitalisierte Bilder auf Transparentfolien drucken und mit ihnen auf einem Overheadprojektor Vorträge und Schulstunden illustrieren. Man kann sie in Computer-Präsentationen einbauen und auf Internet-Seiten ausstellen. Mit einem guten Scanner lassen sich Bilder in einer Qualität festhalten, die auch für die Wiedergabe in einem gedruckten Buch geeignet ist. Viele Bildbearbeitungsprogramme bieten auch die Möglichkeit, digitalisierte Bilder zu archivieren und die vorhandenen Archive an Hand von Register- oder Albumblättern mit zahlreichen kleinen »Vorschau«-Bildern zu durchsuchen.

Wo es um die Duplizierung einer kleineren Zahl von Seiten geht, kann der Scanner auch als Ersatz für einen Fotokopierer herhalten. Die Scan-Daten lassen sich zu diesem Zweck direkt an den Drucker leiten und werden gar nicht erst gespeichert. Die Herstellung solcher Kopien dauert allerdings deutlich länger, als man es aus dem Copyshop gewohnt ist.

Daß sich digitale Bilder gedruckter Texte mit Hilfe eines Texterkennungsprogramms wieder in gewöhnlichen digitalen Text verflüssigen lassen, eröffnet dem Schreibenden am elektronischen Schreibtisch eine Fülle von Möglichkeiten.

Um zwei oder drei Sätze aus einem Buch in einen Text zu übernehmen, lohnt es sich nicht, den Scanner anzuwerfen – anders jedoch bei längeren Zitaten oder auch mehreren kurzen. Da kann es durchaus hilfreich sein, eine Scan-Sitzung einzulegen, die verschiedenen Zitate nacheinander aufzunehmen und über die Zwischenablage in einer einzigen Datei zu versammeln, aus der sie dann in den entstehenden Text eingefügt werden.

Übersetzer von Sachbüchern und wissenschaftlicher

Literatur könnten überlegen, ob das Einscannen und spätere Überarbeiten eines Literaturverzeichnisses weniger aufwendig ist als das komplette Neuschreiben.

Auch bei der Übernahme von Registern aus älteren Büchern, die mit neuem Umbruch neu herausgegeben werden sollen, kann man sich die Arbeit ein wenig erleichtern. Statt Namen und Stichwörter erneut abzuschreiben, wird das Register der Vorlage eingescannt. Im digitalisierten Text werden die für die Neuausgabe nicht mehr gültigen Seitenzahlen gelöscht[11] und durch die neuen ersetzt. Übersetzer könnten sich mit diesem Verfahren zumindest bei der Übernahme von Namenregistern aus dem fremdsprachigen Original die Arbeit erleichtern.

Artikel, Aufsätze und Bücher, die archiviert oder neu ediert und gedruckt oder in elektronischer Form, etwa im Internet, publiziert werden sollen, lassen sich mit einem Scanner aufnehmen – nicht mühelos, aber doch ohne mühsames Abschreiben. Die elektronischen Textarchive im Internet würden ohne Scanner nicht von der Stelle kommen.

Wer sich studierend oder forschend mit einem bestimmten Buch besonders intensiv beschäftigt, könnte sich für den privaten Gebrauch eine elektronische Fassung davon herstellen – nicht zur Lektüre, sondern um sich im Text zu orientieren, um mit Hilfe der elektronischen Suchwerkzeuge Zitate, Stichwörter, Namen, Motive zu finden. Das Urheberrecht ist allerdings zu beach-

---

[11] In Word lassen sich alle Zahlen in einer Datei auf einen Schlag mit dem Befehl **Bearbeiten** ⇒ **Ersetzen (Erweitern)** löschen. Unter **Sonstiges** findet sich der Eintrag, der im Feld »Suchen nach« einzutragen ist: »Beliebige Ziffer« (^#). Das Feld »Ersetzen durch« bleibt frei, was soviel bedeutet wie »Ersetzen durch nichts«. Römische Zahlen für Päpste und französische Könige werden auf diese Weise nicht eliminiert. Dennoch ist Vorsicht geboten, falls irgendein Name oder Registereintrag Zahlzeichen enthält.

ten, wenn die Idee aufkeimt, solche elektronischen Text-
kopien zu vervielfältigen und zu verbreiten.

Schließlich kann man sich auch das Abschreiben sogenannter »Listings« – Programmcode für kleine Hilfs-
programme, Programmergänzungen und »Makros«
(vgl. S. 214 ff.), wie sie in Computerzeitschriften oder
-büchern oft zum freien Gebrauch abgedruckt werden
– mit der OCR-Technik erheblich vereinfachen.
Gründliches Korrekturlesen ist bei automatisch er-
kannten Texten immer wichtig und hier ganz besonders, denn jeder noch so kleine Fehler, kann zur Folge
haben, daß sich das maschinell eingelesene Makro nicht
ausführen läßt.

5. Fürchten Sie sich nicht
vor dem Internet

Seit das »internationale Netz« vor einigen Jahren allgemein zugänglich geworden ist, beflügelt und befeuert es
die Phantasie einer wachsenden Zahl von Zeitgenossen.
Das Internet ist zur Projektionsfläche übergroßer Er-
wartungen und übergroßer Ängste geworden. Jubel und
Dämonisierung gehen Hand in Hand. Visionen von All-
wissenheit und Allgegenwart verbinden sich ebenso mit
ihm wie ausladende Alpträume vom ungehinderten Vor-
wärtskriechen des abgrundtief Bösen, von der Allmacht
totaler Kontrolle und vom Niedergang der Schriftkultur.

Gegen die Angst vor dem Zuviel, vor der Weite des
Datenozeans, vor der Informationslawine taugt vielleicht diese Überlegung: Wer sich einen Leserausweis
und damit den Zutritt zum Bücher- und Zeitschriften-
fundus einer Bibliothek verschafft, der tut dies nicht in

der Absicht, nach und nach alles zur Kenntnis zu nehmen, was dort versammelt ist. Der Bibliotheksbenutzer weiß um die Unmöglichkeit, alles zu lesen und alles zu wissen und alles zu betrachten, und er überspielt diese Unmöglichkeit nicht durch freies Umherschweifen zwischen den Regalen oder »Surfen«. Er weiß, worauf es ankommt, damit die Fülle der Informationen nicht zum Alptraum und nicht zur Lawine wird: Hinwegsehen über das meiste, Aufsuchen des Gewollten und Gewünschten bei schwebender Aufmerksamkeit für stets mögliche Glücks- oder Zufallsfunde und unverhoffte Anregungen. Andere als diese Kulturtechniken sind, wie mir scheint, nicht erforderlich, wenn man sich das Medium Internet nützlich machen will.[12]

Die »harten« Voraussetzungen: Geräte, Anbieter, Kosten

Die für einen Online-Anschluß notwendigen Gerätschaften sind rasch aufgezählt: 1. Ein Computer mit nicht zu knapp bemessenem Arbeitsspeicher und Maus; 2. ein »Modem« mit einer Datenübertragungsrate von 28,8 KB in der Sekunde oder mehr, das den Computer mit dem Telefonnetz und über dieses mit einem Internet-Anbieter verbindet; 3. ein Telefonanschluß mit einer Steckdose, an die neben dem Telefon auch ein Modem angeschlossen werden kann. Wo ein ISDN-Anschluß vorhanden ist, der die Verbindung zum Internet erheblich beschleunigen kann, wird ein Modem nicht be-

[12] Ausführlicher handelt von diesem Punkt und von den anderen in diesem Abschnitt angerissenen Fragen mein Buch *Literarische Spaziergänge im Internet. Bücher und Bibliotheken online*, Frankfurt: Eichborn 1996 (2. Aufl. 1997). Aktualisierungen und Ergänzungen zu diesem Buch erscheinen regelmäßig auf dem Internetplatz des Eichborn Verlags: *http://www.eichborn.de*

nötigt. Statt dessen muß der Computer mit einer ISDN-Karte ausgestattet werden.

Bei der Installation eines Modems oder einer ISDN-Karte geht leider keineswegs immer alles so glatt, wie es die Anleitungen zum Selbermachen versprechen. Es eröffnen sich vielmehr mannigfache Chancen für Ärger und Kopfschütteln, aber auch zum Lernen. Die Sache verhält sich ähnlich wie beim Anschluß eines Scanners: Wer keine Zeit für Um- und Irrwege opfern will oder keine Lust zum Basteln hat, der sollte einige Mark mehr ausgeben und sich dafür die Hilfe einer kundigen Person sichern, die das Schrauben und Stecken und Stöpseln übernimmt und dafür sorgt, daß die erforderlichen Programme in Gang kommen und der Rechner die neu installierte Apparatur auch »erkennt«.

Die Internet-Anbieter stellen dem, der Anschluß sucht, eine Telefonnummer zur Verfügung, über die er einen »Einwahlknoten« erreichen und nach Eingabe eines Passwortes Verbindung zum Netz aufnehmen kann. Sie richten ihm außerdem eine E-Mail-Adresse und ein Postfach ein, in dem er, wenn er »online« ist, seine elektronische Post abholen kann. Sie stellen die für die Einwahl und die Navigation im Internet erforderliche Software zur Verfügung und überlassen den Nutzern mitunter auf ihren Rechnern auch Speicherplatz für eine eigene Internet-Seite.

Als Internet-Anbieter betätigen sich vor allem örtliche oder regionale »Provider«-Firmen, die ihren Kunden ausschließlich Internet-Dienste offerieren, und die national oder international operierenden »Online-Dienste«, etwa Compuserve, AOL und T-Online, die für ihre Mitglieder außer einem Internet-Zugang auch eigene Online-Inhalte bereithalten. Universitäten können ihren Angehörigen über das eigene Rechenzentrum häufig ebenfalls einen preisgünstigen Zugang zum Internet bahnen.

Die Inhalte und Dienste, die man über das Internet abrufen und nutzen kann, kosten zum größten Teil nichts. Kosten verursacht der Zugang zum Netz. Sie setzen sich zusammen aus der Gebühr für die Telefonverbindung zum nächsten Einwahlknoten des Internet-Anbieters und den Gebühren, die dieser für seine Dienste berechnet. Sitzen Internet-Anbieter und Nutzer am gleichen Ort, berechnen sich die Telefonkosten stets nur nach dem Ortstarif, gleichgültig, wohin die Reise im Internet geht. T-Online und AOL bieten inzwischen all ihren Kunden über eine bundesweit einheitliche Rufnummer den Internet-Zugang zum Ortstarif an.

Die Gebühren, die die Provider und Online-Dienste ihrerseits fordern, sind unterschiedlich hoch und auch unterschiedlich gestaltet. Viele Provider und alle Online-Dienste berechnen ihre Gebühren nach der Zeit, in der der Internet-Zugang genutzt wird. Manche Provider rechnen nach der Menge der bewegten Daten ab, wieder andere bieten den Zugang zu einer Pauschale ohne Zeit- oder Mengenbeschränkung. Ein Vergleich ist empfehlenswert. Vergleichen sollte man allerdings auch die Leistungen und vor allem die Leistungsfähigkeit. Ein preisgünstiger Internet-Anbieter, dessen Einwahlknoten zu bestimmten Tageszeiten regelmäßig überlastet ist, taugt unter Umständen erheblich weniger als einer, der zwar eine höhere Gebühr verlangt, dafür aber eine verläßliche Internet-Verbindung garantiert.

Probebetrieb ist vielfach möglich. Die Online-Dienste bieten Interessenten ihre Zugangssoftware kostenlos mit einem Bonus von zehn oder mehr gebührenfreien Stunden. Auch später ist ein Wechsel von einem Dienst oder Provider zu einem anderen jederzeit möglich. Lan-

125

ge Kündigungsfristen sind in dieser Branche nicht üblich.

Die »weiche« Ausstattung: Browser und Hilfsprogramme

Kernstück der Internet-Software ist ein »Browser«, ein Navigationsprogramm, mit dem sich durch Eingabe der entsprechenden Adressen bestimmte Plätze im Internet ansteuern lassen. Mit Hilfe des Browsers kann man sich von Platz zu Platz, von Hyperlink zu Hyperlink vorwärtsklicken oder zu vorher besuchten Plätzen zurückkehren. Mit seiner Hilfe lassen sich Internet-Dokumente »herunterladen« und auf der eigenen Festplatte speichern. Er bietet die Möglichkeit, Internet-Adressen von Plätzen, die man irgendwann wieder aufsuchen möchte, in »Lesezeichen«- oder »Bookmark«-Dateien zu speichern. Er führt im Hintergrund, z.B. unter dem Stichwort »History«, Buch über die Plätze, die man im Laufe der Zeit aufgesucht hat, und schließlich dient er auch dazu, Dokumente, die man »online« heruntergeladen hat, später »offline«, also nach dem Abschalten der Verbindung, in Ruhe zu lesen, ohne daß noch der Gebührenzähler mitläuft.

Zur Zeit bewerben sich vor allem zwei Internet-Browser um die Gunst des Publikums: der Netscape-Communicator und der Internet-Explorer, dem seine Herstellerfirma Microsoft durch direkte Verknüpfung mit der neuesten Version des Betriebssystems Windows 98 auf eine Weise Marktvorteile zu verschaffen sucht, die in den USA nach den Wettbewerbshütern auch die Gerichte auf den Plan gerufen hat.

Die Browser lassen sich durch eine Vielzahl von

126

Hilfs- und Ergänzungsprogrammen ausbauen, die zur Nutzung spezieller Funktionen, zur Darstellung bestimmter Dateiformate notwendig sind. Solche Ergänzungsprogramme stehen – häufig kostenlos – an vielen Stellen im Internet zum Download bereit. Besonders nützlich erscheinen mir die folgenden:

◆ ein Zip-Programm zum »Entpacken« komprimierter Daten, z.B. Winzip (*http://www.winzip.com*). Vgl. auch S. 100 ff.

◆ der Adobe Acrobat Reader, der die Darstellung komplexer Seitenlayouts z.B. von Tageszeitungen oder Handbüchern ermöglicht. Er ist kostenlos erhältlich unter: *http://www.adobe.com/*

◆ der RealPlayer, ein Decoder, der die Rückverwandlung digitalisierter Audio- oder Videodateien in Hör- und Sehbares ermöglicht, ist frei erhältlich unter: *http://www.real.com/*

◆ ein Telnet-Programm, das benötigt wird, wenn man in den elektronischen Katalogen bestimmter Bibliotheken (z.B. der Bibliothèque Nationale in Paris) nachschlagen will. Ewan, ein Telnet-Programm für Windows, steht z.B. auf dem Server der Universität Heidelberg bereit: *http://ftp.urz.uni-heidelberg.de/* (im Suchfenster »ewan« eingeben).

Nutzanwendung

Wer sich ohne falsche Euphorie und ohne falsche Furcht, nüchtern und neugierig vom elektronischen Schreibtisch aus nach Nützlichem im Internet umsieht, erblickt – inmitten gewaltiger Halden von Datenmüll und Informationsschrott – ein »Magazin« oder größeres Vorratsbehältnis für Wörter, Bilder und Töne, eine Zapfstelle, der Nachrichten und Literatur, Software und Fahrplanauskünfte und manches mehr entnommen werden können, und stellt fest, daß ihm mit dem Internet ein schnelles, praktisches Kommunikationsinstrument und vielleicht sogar ein Publikationsforum verfügbar geworden ist.

Das Netz ist keine geordnete Bibliothek, wohl aber eine Ansammlung von Informationen, Texten, Bildern, Daten, die sich dank sogenannter »Suchmaschinen« durchkämmen läßt – mit wechselhaftem Erfolg, denn nicht selten, zumal bei sehr allgemeinen Suchbegriffen, fällt die Liste der »Treffer« bis zur Unbrauchbarkeit umfangreich aus. Eine andere Möglichkeit zur Orientierung bieten thematisch geordnete, redaktionell betreute Kataloge und Listen von Web-Seiten, die sich mit dem Schlagwortkatalog einer Bibliothek vergleichen lassen.

Das Netz bietet zahlreiche Nachschlagemöglichkeiten: online durchsuchbare Bibliothekskataloge, elektronische Wörterbücher, Bücherverzeichnisse, Lexika und Datenbanken. Als Ganzes läßt es sich jedoch auch selbst wie ein Nachschlagewerk nutzen, in dem sich mancherlei findet, was in gedruckten Werken noch nicht erschienen ist und vielleicht nie erscheinen wird. Einen Eindruck von der Fülle und Vielgestaltigkeit der im Internet erreichbaren Materialien und zugleich eine Möglichkeit zum Einstieg und zur ersten Orientierung soll die Liste ausgewählter Netzadressen im Anhang (S. 239 ff.) geben.

Das Internet ist eine der großen Bezugsquellen für Software: freie Programme, Probeversionen gebührenpflichtiger Programme, Fehlerkorrekturen (*patches*) und Aktualisierungen (*updates*) zu Programmen.

Wer über einen Internetanschluß verfügt, kann am elektronischen Postverkehr teilnehmen, der verglichen mit dem der gewöhnlichen Post nicht nur sehr viel schneller, sondern auch sehr viel billiger ist. Zum Empfang solcher Sendungen dient ein elektronisches Postfach, das der Internet-Anbieter auf dem eigenen Großrechner oder Server für jeden Nutzer einrichtet. In diesem Fach wird eingehende Post zunächst gespeichert. Wenn der Nutzer »online geht«, wird ihm über sein Zugangsprogramm mitgeteilt, ob elektronische Post für ihn eingetroffen ist, die er sich dann auf den eigenen Rechner laden kann.

Die elektronische Post taugt nicht nur zum Versand von brieflichen Mitteilungen. E-Mail-Sendungen lassen sich mit einem »Anhang« oder *attachment* versehen, in dem Computerdateien, z.B. Bilder, Programme oder Texte samt ihren Formatierungen, so verschickt werden können, als würde man sie auf einer Diskette an den Empfänger weitergeben. Mit der elektronischen Post sind außerdem die zahlreichen Informationsdienste im Internet erreichbar, deren *newsletters* zu den verschiedensten Themen vielfach kostenlos abonniert werden können.

Der Internet-Zugang erschließt auch die Sphäre der *newsgroups*. Das sind themenbezogene Foren, in denen man, wie an einem elektronischen Schwarzen Brett, Mitteilungen, Fragen, Hinweise deponieren, die vorhandenen Beiträge lesen und auf sie eingehen kann. Zur Zeit gibt es im Internet insgesamt etwa 14 000 Newsgroups. Die Internet-Anbieter stellen eine Liste der über ihre Server jeweils erreichbaren Nachrichtengruppen zur Verfügung.

Der Schritt vom passiven Beziehen und Nutzen zum aktiven Anbieten und Publizieren ist in der Online-Sphäre kleiner und in mancher Hinsicht leichter zu vollziehen als in anderen Medien. Um die Grundlagen der Hypertext-Markup-Language (HTML) zu begreifen, in der die meisten Internetseiten und -dokumente geschrieben und gestaltet werden, muß man nicht über Programmierkenntnisse verfügen. Der Umgang mit ihr ist nicht viel komplizierter als der gewöhnliche Umgang mit elektronischem Text. Eine Vielzahl von Programmen, z.B. der »Composer« im Netscape Communicator, aber auch Word 97, ermöglichen es, gewöhnlichen elektronischen Text mehr oder weniger komfortabel in HTML-Code zu konvertieren und damit reif für das Internet zu machen.

Die Publikation solcher Texte im Netz geschieht wiederum mit Unterstützung des Internet-Anbieters oder des Online-Dienstes. So wie dieser den Nutzern auf seinem Server Speicherplatz für ein elektronisches Postfach bereitstellt, kann er ihnen – kostenlos oder gegen zusätzliche Gebühren – auch Speicherplatz für eine eigene »Homepage« samt einer Internet-Adresse zur Verfügung stellen. Für die allgemeine und permanente Zugänglichkeit dieser »Homepage« sorgt also der Provider. Der Autor oder Betreuer der Seite muß seinen Rechner nicht rund um die Uhr eingeschaltet lassen. Er geht nur online, um Dokumente auf seiner Homepage zu installieren oder ältere Dokumente durch überarbeitete neue zu ersetzen. Er schickt diese Dokumente gleichsam durch einen Hintereingang, über eine nur ihm über ein Passwort offenstehende *upload*-Adresse auf seine Homepage. Durch den »Vordereingang«, also über die gewöhnliche Internet-Adresse, kann dagegen jeder Nutzer die Seite aufrufen und besuchen, nicht aber verändern.

Intermezzo: Wie mir sogar das Chaos im Netz zweimal nützlich war

Daß die Datenwüsten und Informationsmassen im Internet unüberschaubar seien, wird oft und mit Recht beklagt. Und es wird mit ebensoviel Recht darauf hingewiesen, daß jene »Suchmaschinen«, die die verschiedenen Plätze im Netz von Zeit zu Zeit zwecks automatischer Erstellung von Registern durchkämmen, diese Unübersichtlichkeit nur reproduzieren, indem sie ohne Sinn und Verstand und ohne abzuwägen Stichworte erzeugen und auf Anfragen nachher mit unzähligen sogenannten »Hits« oder »Treffern« reagieren, die oft genug völlig danebengehen. Gelegentlich jedoch ergeben sich aus dieser automatischen Wahllosigkeit, diesem maschinell fortgezeugten Chaos auch unverhoffte Chancen für Faktenkriminalisten, die auf der Suche nach entlegenen Begriffen, Namen oder Sachverhalten sind.

Therese Neumann (1898-1962), die »Stigmatisierte von Konnersreuth«, über die ich während der Arbeit an einer Übersetzung mehr wissen wollte, als im enzyklopädischen »Meyers« steht, wäre wohl durchgefallen, wenn sich in Kalifornien (oder sonst irgendwo außerhalb Bayerns) ein Internet-Registermacher bei wachem Verstand mit ihr konfrontiert gesehen hätte. Er hätte sie vermutlich nicht als Bereicherung, sondern als Belastung seiner Datensammlung angesehen und weggelassen – zumal die fromme Therese, was die Wundmale Christi und vor allem was ihre Eßgewohnheiten anging (jeden Freitag eine Hostie, sonst nichts, und dies über Jahrzehnte!), höchstwahrscheinlich eine Betrügerin war, wenn auch aus höheren Beweggründen (die eigene Seligsprechung). Die automatischen Registermaschinen jedoch halten die seltsame Heilige trotzdem fest und geben sie auf Anfrage auch wieder heraus, zusammen mit den Adressen einiger nicht unbeträchtlicher Dokumente, die auf einem Server der Universität Regensburg liegen *(http://pc1502.geo graphie.uni-regensburg.de/html/hanauer/ schwi.htm)*.

Das zweite Beispiel: Während ich vor zwei Jahren einen Band mit Erzählungen von Sam Shepard übersetzte[13], habe ich Gott und die Welt (darunter auch einige Amerikaner) mit dem folgenden Satz behelligt, in dem beschrieben wird, wie es in einer überfüllten Tanzbar im Südwesten der USA zugeht: »*Couples are glued together in perfect sync ... barely brushing the whirling scarves and skirts and the sea of bobbing Resistols.*« Was denn bitte »Resistols« seien, wollte ich wissen. Aus dem Kontext schloß ich auf Textiles und Kleidung. Aber niemand konnte mir mit Präzisierungen weiterhelfen, und Mr. Shepard selbst, das hatte ich schon erfahren müssen, war nicht nur außerordentlich schwer erreichbar. Er oder sein amerikanischer Verlag oder sein Agent oder alle zusammen neigten auch dazu, aus Nachfragen jedweder Art auf die allgemeine Unwissenheit des Fragenden zu schließen.

»Resistols« jedenfalls war bis zuletzt ungeklärt geblieben, eines von jenen Problemen, die die Moral des Übersetzers immer mal wieder auf harte Proben stellen (um am Ende im *traduttore* vielleicht sogar den *traditore* zu wecken). In meiner Not tippte

[13] Sam Shepard, *Spencer Tracy ist nicht tot*, Frankfurt: S. Fischer 1997.

ich »Resistol« in die Suchmaske einer der großen Internet-Suchmaschinen – »Lycos« oder »Altavista« – und geriet, nachdem ich einen Augenblick lang verzagt auf meinen Bildschirm gestarrt hatte, schon über dem Ausbleiben der Meldung *»no match found«* in ungläubiges Staunen, das sich zu einem epiphanischen Überglück steigerte, als sich binnen weniger Sekunden vor meinen Augen eine Liste von zehn oder fünfzehn kalifornischen Hutgeschäften aufbaute, die allesamt das, was ich suchte, im Angebot hatten! »Resistol« war eine Westernhut-Marke!! Es hielt mich nicht länger auf meinem Stuhl. Im Stehen klickte ich mich zum Katalog einer dieser Huthandlungen durch und konnte mir bald auf der Seite von Ritchie's Western Wear *(http://www.tex source.com/resistol.html)* einen Eindruck von der Vielfalt der Modelle verschaffen: »Black Gold« mit 4-Inch-Krempe zum Spezial-Discount von 330 statt 420 Dollar, einfachere Modelle, wie »Cattleman Silver Belly« ab 129,95 Dollar. Kurzum, ich war im Bilde.

Zumindest, was die »Resistols« anging.

Ich will damit nicht sagen, daß das Internet auf alles eine Antwort habe, aber auf manches eben doch. Und daß es bisweilen auch ganz unverhoffte Antworten bereithält, ergibt sich nicht zuletzt aus der wahllosen Willkür, mit der es alles schluckt und alles gleich wichtig nimmt – mit anderen Worten: Der Wust lebt auch!

Dritter Teil

Eine Frage der Einstellung

1. Word einrichten und anpassen

Eine Frage der Einstellung ist es vielleicht, ob sich jemand schon unmittelbar nach der Installation des Schreibprogramms an dessen Einstellungen zu schaffen macht oder erst, wenn er einige Erfahrungen mit ihm gesammelt hat. Gelegentlich sollte sich aber jeder dazu aufraffen. Denn schon mit Hilfe einiger unaufwendiger Veränderungen kann man sich auf dem elektronischen Schreibtisch manches nach den eigenen Wünschen und Vorstellungen einrichten – ein erster, gar nicht schwieriger Schritt, sich den PC gefügig zu machen. Welche Auswirkungen solche Einstellungsänderungen haben, läßt sich meistens leicht ausprobieren. Oft liegt zwischen Hin und Zurück nur der Klick auf ein Kontrollkästchen, mit dem ein Häkchen gesetzt oder entfernt wird: eine einfache Ein/Aus-Schaltung.[1]

[1] Die folgenden Hinweise beziehen sich auf die zur Zeit aktuelle Version von Word – Word 97 –, sie lassen sich großenteils aber auch auf die älteren Versionen ab Word 6.0 übertragen. Für etwa Mitte 1999 hat Microsoft eine neue Version – Word 2000 – angekündigt. Aktualisierungen der Angaben in diesem Buch, die sich möglicherweise aus Veränderungen oder Neuerungen in Word ergeben, werden auf dem Netzplatz des Eichborn Verlags *(http://www.eichborn.de)* bereitgestellt.

Extras ⇒ Optionen

Auf diesem Weg erreicht man in Word ein Kartenregister, in dem viele, für die Arbeit am elektronischen Schreibtisch folgenreiche Wahlmöglichkeiten unter verschiedenen Kategorien zusammengefaßt sind. Eine vollständige Beschreibung findet man in einem gründlichen Handbuch. Hier möchte ich – in der Reihenfolge der Registerkarten – nur auf jene Optionen hinweisen, die mir besonders wichtig erscheinen.

Ansicht

Animierter Text – Nein, besonders wichtig ist diese Option nicht, aber besonders sonderbar. Wer sie aktiviert, kann seinen Text zwar nicht auf dem Papier, immerhin jedoch auf dem Bildschirm zum Glitzern und Funkeln bringen, falls er sich unter **Format ⇒ Zeichen** auf der Registerkarte **Animation** für eines der Angebote entscheidet, z. B. »Rote oder Schwarze Ameisenkolonne«, von »Las Vegas« gar nicht zu reden!!

QuickInfo – Sollte aktiv bleiben: Worte oder Passagen, die mit einem Kommentar versehen sind (**Einfügen ⇒ Kommentar**; siehe S. 80), werden dann gelb hervorgehoben, und sobald die Maus auf diese Markierung gerät, erscheint in einem kleinen Fenster der Text des Kommentars. Wird die Maus auf ein Fußnotenzeichen geführt, erscheint der Fußnotentext.[2]

Nicht druckbare Zeichen – Unter dieser Rubrik lassen sich

---

[2] Die aus vielen Programmen bekannten QuickInfo-Felder, die sich öffnen, wenn der Mauszeiger über die verschiedenen Schaltflächen der Symbolleisten fährt, lassen sich in Word noch etwas informativer machen, wenn man unter **Extras ⇒ Anpassen** auf der Registerkarte **Optionen** nicht nur das Feld *QuickInfo auf Symbolleisten anzeigen*, sondern

verschiedene Zeichen auswählen, die bei der Orientierung im entstehenden Text nützlich oder sogar unentbehrlich sein können und die mancher deshalb ständig auch am Bildschirm sehen will: vor allem die Absatzmarken, aber auch Tabulatormarken (Tabstops), Leerzeichen und als »verborgen«, d.h. nicht druckbar, formatierten Text. Wer diese Zeichen nur gelegentlich in Augenschein nehmen will, der kann sie auch alle auf einen Schlag über die Schaltfläche *Einblenden/Ausblenden* (die mit dem Absatzsymbol »¶«) in der Standardleiste sichtbar machen.

Fenster – Wer auf etwas Übersicht und Beweglichkeit im Text verzichten will, kann hier Bildschirm- und Fensterplatz gewinnen (vgl. dazu auch S. 161 ff.). Zur Disposition stehen die Statusleiste am unteren Bildschirmrand und die beiden Bildlaufleisten. Am ehesten kann man wohl auf die waagerechte Bildlaufleiste über der Statusleiste verzichten. Mit ihr verschwinden dann allerdings auch die Schaltflächen für die verschiedenen Ansicht-Modi.

Allgemein
Liste zuletzt geöffneter Dateien – Gemeint ist die Liste im Menü **Datei** oberhalb von **Beenden.** Wer über einen nicht ganz kleinen Bildschirm verfügt und etwas weiter als auf die letzten vier Dokumente zurückblicken will, kann die Zahl der Einträge auf den höchstmöglichen Wert hinaufschrauben: 9.

auch das Feld *Tastenkombinationen in QuickInfo anzeigen* aktiviert: So werden dem Nutzer die oft hilfreichen, weil schnell erreichbaren Tastaturkürzel für wichtige Befehle immer wieder vor Augen geführt, bis er sich das eine oder andere vielleicht gemerkt hat.

Makrovirus-Schutz – Die Funktion schützt nicht vor Viren, macht jedoch immerhin auf importierte, aber auch auf eigene Dateien aufmerksam, die Makros (und damit eventuell einen Virus) enthalten, und ermöglicht es, ein solches Dokument zur Kenntnis zu nehmen, ohne die enthaltenen Makros in Gang zu setzen. Sie sollte also aktiviert bleiben, doch niemand sollte deshalb mit weiterreichenden Schutzmaßnahmen gegen Viren bis zum Tag danach warten. (Siehe S. 88 ff.)

Bearbeiten

Eingabe ersetzt Markierung – Falls dies noch nicht geschehen ist, rate ich, diese Funktion sofort abzuschalten. Was immer man am Bildschirm markiert hat, Wörter, Sätze, Textteile – es wird mit dem nächsten Zeichen, das man eingibt, gelöscht. Verschwundenes läßt sich zwar über den Befehl **Bearbeiten ⇒ Rückgängig** oder über die Schaltfläche mit dem nach links geschwungenen Pfeil wiedergewinnen – aber wozu der Ärger? Sobald man diese Funktion deaktiviert, wird die »Eingabe«, also das, was man als nächstes schreibt, *vor den Anfang der Markierung* gesetzt, so wie sie beim gewöhnlichen Schreiben »vor« die Einfügemarke gesetzt wird.

Textbearbeitung durch Drag & Drop – Wenn man mit der Maus ein bißchen übt, erweist sich dieses »Ziehen und Fallenlassen« beim Schreiben und Redigieren als eine sehr praktische Möglichkeit, Wörter und Sätze am Bildschirm umzustellen. Vgl. dazu S. 232 f.

Wörter automatisch markieren – Das bedeutet: Wenn man mit der Maus mehr als ein Wort markiert, erfaßt die Markierung das nächste Wort immer gleich ganz. Dies klingt zunächst vielleicht vernünftig, stört aber beim Korrigieren und Überarbeiten oft erheblich. Die Markierung einzelner Zeichen an Wortanfängen und -enden oder von Leerzeichen zwischen Wörtern wird zur Glückssache, d.h. zur Quälerei. Eine Formulierung wie »…vor**an vor**gehen…« durch eine einzige Markierung in »vorgehen« zu korrigieren, wird unmöglich. Ich rate zum Abschalten. Die Markierung erweitert sich dann mit der Bewegung des Mauszeigers übersichtlich und berechenbar von einem Zeichen zum anderen.

Zum Einfügen Einfg-Taste benutzen – Eine gute Idee, wie mir scheint, und man sollte diese Option aktivieren. Mit der Einfg-Taste läßt sich dann das tun, was auch die Tastenkombination Strg+V leistet: den Inhalt der Zwischenablage an der Cursor-Position einfügen. Bleibt dieses Kästchen ohne Haken, kann man mit der Einfg-Taste zwischen dem »Einfüge-« und dem »Überschreibmodus« wechseln. In diesem letzteren werden beim Schreiben die rechts neben dem Cursor stehenden Zeichen eines nach dem anderen durch die neu eingegebenen Zeichen *ersetzt*. Im Umgang mit Zahlen, beim Ausfüllen von Formularen kann das gelegentlich hilfreich sein – zum Schreiben taugt es nicht.

Überschreibmodus – Hier kann man das Überschreiben sogar zum normalen Eingabemodus machen. Unfug! Wer den Überschreibmodus wirklich einmal benötigt, kann ihn mit einem Doppelklick auf das **ÜB**-Feld in der Statusleiste am unteren Bildschirmrand in Betrieb nehmen (und mit einem ebensolchen Doppelklick auch wieder abschalten).

Ausschneiden und Einfügen mit Leerzeichenausgleich – Eine

Funktion, die das Überarbeiten von Texten am Bildschirm erleichtert: Überzählige Leerzeichen, die man durch ungenaue Markierung von Textteilen beim Verschieben manchmal mitschleppt, werden an der Einfügestelle automatisch auf *eines* (zwischen Wörtern) bzw. *keines* (vor Kommas und satzschließenden Zeichen) reduziert. An einer Stelle, von der man die Leerzeichen am Anfang und am Ende der Markierung mitgenommen hat, wird ein Leerzeichen ergänzt. Soweit ich sehe, ist dies eine der wenigen Word-Automatiken ohne Risiken und unerwünschte Nebenwirkungen.

Mit Tabulator- und Rücktaste Absatzeinzug ändern – Seltsamerweise gibt es für eine der gewöhnlichsten und meistverwendeten Absatzformatierungen, den Einzug der ersten Zeile eines Absatzes, in Word keine Tastenkombination. Ohne zusätzliche Anpassungen (vgl. S. 219 f.) läßt sich ein solcher Einzug nur auf dem langen Weg über **Format** ⇒ **Absatz** ⇒ **Einzüge und Abstände** (dort dann unter **Einzug-Extra** der Eintrag *Erste Zeile*) herstellen – oder eben mit der zweckentfremdeten Tabulatortaste. Dazu muß der Cursor am Anfang des Absatzes stehen. Ist ein ganzer Absatz markiert, bewirkt die Tab-Taste das gleiche wie der Shortcut Strg+M: der gesamte Textblock wird eingerückt.

Drucken

Konzeptausdruck – In diesem Modus wird mit weniger Aufwand gedruckt: worin das Weniger besteht, hängt auch vom jeweiligen Drucker ab. Man sollte es ausprobieren. Sparsamkeit läßt sich dem Drucker eventuell auch über dessen eigene Software unter **Datei** ⇒ **Drucken** ⇒ **Eigenschaften** verordnen.

Umgekehrte Druckreihenfolge – Daß die letzte Seite zuerst und die erste zuletzt gedruckt wird, kann bei längeren Texten hilfreich sein. Nachträgliches Umsortieren erübrigt sich. Wer allerdings, während der Drucker noch arbeitet, schon anfangen will, den Ausdruck noch einmal zu prüfen, dem ist mit dieser Funktion nicht gedient, denn der Drucker kann zwar von hinten nach vorn drucken, aber der Mensch kann so nicht lesen.

Speichern

Sicherungskopie immer erstellen – Eine erwägenswerte, wenn auch Speicherplatz heischende Funktion: das Dokument wird automatisch in der Gestalt, die es vor dem letzten Speichern hatte, unter dem Titel *Sicherungskopie von [Dateiname]* mit der Dateiendung *.wbk* im gleichen Verzeichnis (z.B. C:\Eigene Dateien) gespeichert.[3]

Schnellspeicherung zulassen – Besser nicht! Die Schnellspeicherung stammt aus einer Zeit, als Speichern langer Texte längeres Warten mit sich brachte. Bei einer Schnellspeicherung wird nicht die gesamte Datei in ihrer aktuellen Version neu gespeichert. Änderungen werden statt dessen hinten angehängt und mit ihren Bezugsstellen verknüpft. Vor allem Dateien, die intensiv überarbeitet werden, können in diesem Modus leicht das Doppelte ihrer eigentlichen Größe annehmen. Auch beim Austausch von Dateien zwischen verschiedenen Rechnern oder Programmen können »schnellgespeicherte« Änderungen Verwirrung stiften.

[3] Diese und alle anderen aus DOS-Zeiten bekannten und nach wie vor nützlichen Dateiendungen hält Windows 95/98 in der Standardeinstellung verborgen. Wie sich das ändern läßt (und man sollte es ändern!), steht auf S. 148.

Automatische Anfrage für Dateieigenschaften – Beim ersten Speichern einer neuen Datei jedesmal einen »Fragebogen« auszufüllen, mag lästig erscheinen, ist aber für die spätere Orientierung im Dschungel der Dateien (siehe S. 65 f.) allemal nützlich. Ein Zwang, alle Felder (von Manager bis Hyperlink-Basis) auszufüllen, besteht nicht. Aber Erläuterungen zur Charakterisierung oder Einordnung eines Dokuments, die sich im Dateinamen nicht unterbringen lassen, können hilfreich sein, zumal man die hier festgehaltenen Dokument-Informationen auch einsehen kann, ohne Word zu starten. Dazu klickt man unter Windows 95/98 den Dateinamen (z.B. in einem Ordnerfenster oder im Windows-Explorer) mit der rechten Maustaste an und wählt in dem sich öffnenden Kontextmenü **Eigenschaften**.

True Type-Schriftarten einbetten – Diese Option erlaubt es, zusammen mit einem Text auch die verwendeten speziellen Schriften als solche zu speichern – wenn diese auf einem anderen Rechner, dem der Text überliefert werden soll, nicht vorhanden, zur Darstellung des Dokuments samt seinem Layout aber unbedingt vonnöten sind. Nur in diesem Fall sollte man diese Option wählen. Die Dateien werden nämlich erheblich größer, wenn die verwendeten Schriften komplett mitgespeichert werden. Mit der Option »Nur verwendete Zeichen einbetten« läßt sich dabei wiederum einiger Platz sparen.

AutoWiederherstellen-Info speichern – Wer es sich nicht zur festen Gewohnheit gemacht hat, während der Arbeit regelmäßig zu speichern, sollte diese Funktion eingeschaltet lassen. Sie sichert in bestimmten, einstellbaren Zeitabständen das, was bei einem Programmabsturz oder bei

142

plötzlichem Stromausfall nötig ist, um das in Arbeit befindliche Dokument in einer *fast* aktuellen Version wiederherzustellen. Gespeichert wird diese Information mit der Endung *.asd* im Ordner *Windows\Temp*, solange unter **Extras** ⇒ **Optionen** ⇒ **Dateiablage** kein anderer Ordner bestimmt wird.

Rechtschreibung und Grammatik

Rechtschreibung während der Eingabe prüfen – Wer keine Lust hat, sich während der Arbeit von Word ständig über die Schulter schauen und mit rosa Schlangenlinien über die eigenen Fehler oder über die Grenzen des von Word verwendeten Wörterbuchs belehren zu lassen, der sollte diese Funktion abschalten. Die maschinelle Rechtschreibkontrolle läßt sich, wenn sie denn sein soll, leicht und *en bloc* auch nach dem Schreiben bewerkstelligen. Vgl. S. 144 ff..

Überarbeiten

Hier lassen sich die Formatierungen festlegen oder verändern, die Word zur Kennzeichnung von Streichungen, Texteinfügungen und anderen Modifikationen verwendet, wenn man mit dem Befehl **Extras** ⇒ **Änderungen verfolgen** ⇒ **Änderungen hervorheben** arbeitet, der vielleicht nützlich sein kann, wenn mehrere Personen an einem Text arbeiten – Autor, Lektor, Redakteur, Korrektor. Vgl. dazu S. 78 ff..

Benutzer-Info

Wer im Feld *Adresse* die eigene Postanschrift einträgt, braucht beim Drucken von Briefumschlägen unter **Ex-**

tras ⇒ **Umschläge und Etiketten** nicht immer aufs neue die eigene Absenderadresse anzugeben.

Automatik mit Tücken lieber abschalten

AutoKorrektur

Man versuche einmal, in Word 97 das lateinische Wort für »Götter« *dei*, das englische Possessivpronomen *its* und den Namen des italienischen Malers *Fra Angelico* zu schreiben. Die Chancen stehen nicht schlecht, daß statt dessen auf dem Bildschirm zu lesen ist: *die ist Frau Angelico*. Dahinter steckt die sogenannte »AutoKorrektur«.

Word ist mit einer Liste von einigen hundert angeblich besonders häufigen oder besonders naheliegenden Tippfehlern ausgestattet, die das Programm, sofern man die Standardeinstellungen beibehält, ungefragt und oft genug auch unbemerkt gleich nach der Eingabe von sich aus korrigiert: *Gechichte* (Helmut Kohl) in *Geschichte, dei* in *die* und *Fra* in *Frau*.

Die Benutzer werden sogar eingeladen, dieser Liste durch die Eingabe eigener Fehlervarianten eine persönliche Note zu geben. Und tatsächlich kann sich jeder Word-Nutzer unter **Extras ⇒ AutoKorrektur** auf der Registerkarte **AutoKorrektur** die Zeit damit vertreiben, beliebig viele weitere Tippfehler für beliebig viele Wörter vorzusehen, die er irgendwann einmal falsch schreiben könnte.

Er kann die Funktion »Ersetzen … durch …« aber auch sinnvoller, nämlich ähnlich wie eine Textbaustein-Funktion nutzen: um Kürzel oder Stichworte gegen längere Ausdrücke zu tauschen – allerdings automatisch, und Automatismen stiften, wie Word hier und anderswo immer wieder demonstriert, in sprachlichen, also vieldeuti-

gen und im eigentlichen Sinne des Wortes *unberechenba-*
ren Zusammenhängen oft mehr Verwirrung als Nutzen.

Der Nutzer, der sich von riskanter Automatik nicht
helfen und nicht täuschen lassen will, kann dem frag-
würdigen Zauber ein Ende machen – indem er unter
Extras ⇒ **AutoKorrektur** auf der Registerkarte **AutoKorrektur** besonders unliebsame Einträge einzeln
aus der Liste löscht oder vor der Zeile »Während der
Eingabe ersetzen« das Häkchen entfernt und damit die
gesamte Funktion blockiert.[4] Eine bessere, weil kontrol-
lierbare Möglichkeit, Wörter oder Zeichen rasch durch
andere Wörter, Zeichen oder Textteile zu ersetzen, bietet die Word-Funktion »AutoText« (vgl. S. 170 ff.).

Unter **Extras** ⇒ **AutoKorrektur** lassen sich noch
einige andere Automatismen abschalten, die dem
Schreibenden mit unliebsamem Übereifer ins Handwerk pfuschen wollen.

Auf der Registerkarte **AutoKorrektur** findet sich
die Option »Jeden Satz mit einem Großbuchstaben beginnen«. Das klingt nicht unvernünftig, täuscht jedoch
darüber hinweg, daß Word Sätze als solche gar nicht erkennt, sondern nur die Punkte an ihrem Ende. Die gebräuchlichsten Abkürzungen wie z.B. »z.B.« vermag es
noch als solche zu identifizieren und fährt nach dem
Punkt gegebenenfalls auch in Kleinschreibung fort.
Aber schon bei *ggf.* **S**cheitert es. Und der Satz »Dies ist

[4] Die radikale Lösung besteht darin, die Dateien mit der Endung *.acl* (AutoCorrect-
List): »Mso97.acl« und (wenn man schon einmal Änderungen an der Liste vorgenommen hat) »Benutzer.acl« aus dem Windows-Ordner zu entfernen und wenn nicht zu löschen, so doch in einen Ordner, z.B. »Orkus«, zu verbannen, der ein Unterverzeichnis
von »Eigene Dateien« sein könnte. Ratsam ist es, zusammen mit den verbannten Datei-
en eine Notiz zu speichern, aus der hervorgeht, was es mit ihnen auf sich hat und wo
sie installiert waren. So läßt sich, wenn erwünscht, später alles wieder rekonstruieren
und restaurieren. Der Vorteil der radikalen Lösung: die AutoKorrektur-Funktion wird
frei und überschaubar, um sie eventuell mit eigenen Kandidaten für ein automatisches
Wechseln auszustatten.

der 1000. glückliche Gewinner« läßt sich auf Anhieb korrekt nur schreiben, nachdem diese Option abgeschaltet worden ist.

AutoFormat

Auch die Wahlmöglichkeiten, die auf der Registerkarte **AutoFormat während der Eingabe** angeboten werden (vor allem jene in der ersten Rubrik »Während der Eingabe zuweisen«), sind mit allerlei Risiken und unerwarteten Nebenwirkungen behaftet und sollten, wenn überhaupt, nur nach sorgfältiger Prüfung in Anspruch genommen werden.

Ein besonders großes Störpotential besitzt die Auto-Format-Funktion »Internet und Netzwerkangaben durch Hyperlinks« ersetzen. Sie verwandelt jede E-Mail- und jede Internet-Adresse, die in einen Word-Text eingefügt wird, automatisch in ein aktivierbares Hyperlink, das sich nach seiner Verwandlung nicht mehr wie gewöhnlicher Text korrigieren läßt. Der nächste Mausklick führt vielmehr ins Internet oder löst zumindest den Versuch aus, eine Verbindung dorthin herzustellen. Korrigieren läßt sich ein solches Link nur noch, indem man es mit der rechten Maustaste anklickt und im Kontextmenü **Hyperlink** ⇒ **Hyperlink bearbeiten** wählt.

Mehr Kontrolle über den eigenen Text behält, wer diese Automatik abschaltet und Hyperlinks, wenn erwünscht, manuell über den Befehl **Einfügen** ⇒ **Hyperlink** (oder Strg+K) herstellt.

»Tips« von IntelliSense

In seiner Standardeinstellung mischt sich Word gelegentlich mit unerwarteten Formulierungs- oder Ergänzungsvorschlägen in die Schreibarbeit ein. Sobald der Schreibende vier Buchstaben eingegeben hat, die mit den ersten vier Buchstaben eines Textbaustein-Namens identisch sind, schlägt Word in einem über der Zeile auftauchenden Fensterchen diesen »AutoText«-Eintrag zur Annahme (durch die Enter-Taste) oder zur Ablehnung (durch Weiterschreiben) vor. Die Entwickler von Word nennen diese Behelligung »Intelli-Sense«. Wer z.B. den unter »Einschreiben« von Word bereits vorgesehenen AutoText-Eintrag nicht löscht (vgl. dazu S. 171 f.), sondern beibehält, kann fortan Wörter wie »einsam« oder »einsammeln« nicht mehr schreiben, ohne daß ihm unterwegs der Vorschlag »Einschreiben« entgegenblitzt. Dieses eilfertige Blinken läßt sich auch abschalten, indem man unter **Extras** ⇒ **AutoKorrektur** ⇒ **Autotext** das Häkchen vor »Rest des Wortes oder Datums während der Eingabe als Tip vorschlagen« wegklickt.

Daß Programmbaumeister bei der Suche nach Innovationen, mit denen sich die jeweils neueste Version ihres Produkts dem Publikum als unentbehrlich anpreisen läßt, auch vor dem knisternden Unsinn nicht zurückschrecken, zeigt die Funktion: **Extras** ⇒ **AutoZusammenfassen**. Kein weiteres Wort hierüber. Man staune selbst.

2. Nützliche Einstellungsänderungen in Windows 95/98

Die Art und Weise, wie die Ordnerfenster in Windows 95/98 ihren Inhalt anzeigen und ordnen, läßt sich im Menü **Ansicht** jedes Ordners vielfältig variieren. Man hat die Wahl zwischen großen und kleinen Symbolen für Dateien und Ordner. Man kann festlegen, ob diese

Symbole als einfache »Liste« oder mit »Details« über Dateigröße, Dateityp und das letzte Speicherdatum angezeigt werden sollen, und kann obendrein unter dem Stichwort »Symbole anordnen« festlegen, nach welchem Kriterium die Elemente eines Ordners sortiert werden sollen: nach Name, Dateityp, Größe oder Datum. Auch die äußere Gestalt der Ordnerfenster ist variabel. Zur Disposition stehen die Symbol- und die Statusleiste, unter Windows 98 außerdem die Explorerleiste und die Adressenleiste. Es lohnt sich, mit diesen Möglichkeiten ein wenig zu experimentieren. Ratsam, so scheint mir, sind aber vor allem drei Änderungen an den Standardeinstellungen, die für mehr Überblick sorgen und die Orientierung im System der Dateien erleichtern. Sie lassen sich unter Windows 95 und 98 im Menü **Ansicht** an jedem beliebigen Ordnerfenster vornehmen – unter **Optionen** bzw. **Ordneroptionen** auf der Registerkarte **Ansicht**.

Verstecktes aufdecken

Endungen von Dateinamen sichtbar machen

In der Standardeinstellung hält Windows die Endungen der Dateinamen (die drei Buchstaben hinter dem Punkt, z.B. in *winword.exe*) verborgen. Zur Identifizierung von Dateitypen sind sie aber nicht nur für Windows, sondern auch für seine Nutzer nützlich und nötig. Wer sie sichtbar machen will, entfernt mit einem einfachen Klick das Häkchen vor der Zeile »Keine MS-DOS-Erweiterungen für registrierte Dateien« (Windows 95) bzw. »Dateinamenerweiterung bei bekannten Dateitypen ausblenden« (Windows 98).

Alle Dateien anzeigen

Auch sollte man Windows daran hindern, bestimmte Funktions- und Systemdateien versteckt zu halten. Irgendwann kommt bestimmt einmal die Meldung, eine *dll*-Datei oder ein Treiber sei nicht auffindbar. Spätestens dann ist möglichst viel Überblick erwünscht. Leicht erzielen läßt er sich, indem man die Option »Alle Dateien anzeigen« aktiviert (in Windows 98 findet sie sich unter dem Stichwort »Versteckte Dateien«).

Pfadangaben in der Titelleiste

Wem an Orientierung und Überblick gelegen ist, sollte sich auch diese Wegweiser nicht vorenthalten lassen. »Vollständiger MS-DOS-Pfad in der Titelleiste« heißt die Option in Windows 95 und »Vollständigen Pfad in der Titelleiste anzeigen« in Windows 98. Ist sie aktiviert, erscheint in der Titelleiste der Ordnerfenster nicht nur der Name des jeweiligen Ordners, sondern auch der komplette Pfad durch die Verzweigungen der Verzeichnisse und Unterverzeichnisse, auf dem man ihn erreichen kann.

Die Ordnung der Ordnerfenster auf dem Bildschirm

In beiden Versionen von Windows läßt sich wählen, ob jeder neu geöffnete Dateiordner in einem eigenen Fenster erscheinen soll oder ob alle nacheinander geöffneten Ordner im selben Fenster angezeigt werden sollen. Im ersten Fall wird die Übersichtlichkeit nicht selten durch das Drunter und Drüber der verschiedenen Fenster beeinträchtigt. Im zweiten Fall kann man möglicherweise aus dem Auge verlieren, an welcher Stelle innerhalb der Verzeichnisstruktur man sich gerade befindet. Außerdem ist dann das Kopieren oder Verschieben von Dateien durch Ziehen mit der Maus von einem Fenster ins andere nicht möglich.

Unter Windows 95 läßt sich die Wahl zwischen diesen Möglichkeiten unter **Ansicht** ⇒ **Optionen** ⇒ **Ordner** treffen. In Windows 98 ist der Weg etwas weiter. Unter **Ansicht** ⇒ **Ordneroptionen** aktiviert man auf der Registerkarte **Allgemein** die dritte Variante »Angepaßt an individuelle Einstellungen«, betätigt die Schaltfläche **Einstellungen** und wählt auf der Karte »Benutzerdefinierte Einstellungen« unter der Rubrik »Ordner durchsuchen« das Gewünschte.

Für welche Option man sich auch entscheidet – in beiden Windows-Versionen kann man die getroffene Wahl ad hoc und ausnahmsweise auch außer Kraft setzen: *durch einen Doppelklick auf den gewünschten Ordner bei gedrückter Strg-Taste.* Hat man die Option »Jeden Ordner in einem eigenen Fenster öffnen« gewählt, so bewirkt der Doppelklick bei gedrückter Strg-Taste, daß in diesem Fall das vorhandene Fenster zur Darstellung des nächsten Ordners verwendet wird. Hat man sich für die Option »Jeden Ordner im selben Fenster öffnen« entschieden, bewirkt der Doppelklick bei gedrückter Strg-Taste, daß diesmal eben doch ein neues Fenster für den anzuzeigenden Ordner geöffnet wird.

Tastatur und Maus

– lassen sich in der Systemsteuerung von Windows 95/98 der eigenen Arbeitsweise oder Fingerfertigkeit in mancher Hinsicht anpassen. Wem das Tempo nicht behagt, in dem die Einfügemarke über den Bildschirm rast oder schleicht, wenn sie mit den Pfeiltasten umherbewegt wird – wem der Doppelklick gelegentlich mißlingt, weil die Maus den Fingern ein schnelleres Zucken abverlangt, als sie hergeben wollen, der sollte in der Systemsteuerung nachsehen, ob er sich den Umgang mit dem elementaren Handwerkszeug auf dem elektronischen Schreibtisch nicht ein wenig angenehmer machen kann. Der Weg dorthin führt über die Stationen **Start** ⇒ **Einstellungen** ⇒ **Systemsteuerung**.

Ein Doppelklick auf das **Tastatur**-Symbol im Ordner **Systemsteuerung** öffnet das Register »Eigenschaften von Tastatur«. Auf der ersten Registerkarte »Geschwindigkeit« kann man nun jene scheinbar unscheinbaren Einstellungen vornehmen, die sich so nachhaltig auf das eigene Schreiben auswirken können.

Unter dem Stichwort **Verzögerung** läßt sich in vier Stufen einstellen, wie lange der PC wartet, bis er die Tatsache, daß eine Taste niedergehalten wird, als Aufforderung zur Wiederholung eines Zeichens versteht. Im Abschnitt **Wiederholrate** läßt sich festlegen, wie schnell bei gedrückter Taste die Zeichen wiederholt werden. Beides läßt sich in einem Testfeld ausprobieren. Wichtiger und folgenreicher als für das eigentliche Schreiben sind diese Einstellungen für die Geschwindigkeit, mit der der Cursor sich von Zeichen zu Zeichen oder von Zeile zu Zeile bewegt, wenn man ihn mit den Pfeiltasten auf der Tastatur steuert. Der Blinkrhythmus, in dem der Cursor am Bildschirm auf sich aufmerksam macht, läßt sich an dieser Stelle ebenfalls modifizieren.

Ein Doppelklick auf das Maus-Symbol in der **Systemsteuerung** öffnet das Register »Eigenschaften von Maus«. Auf der ersten Karte »Tasten« kann man die Funktionen von rechter und linker Maustaste vertauschen, man kann aber vor allem festlegen, wie lang die Zeitspanne zwischen zwei Klicks mit der vorrangigen (also in der Regel, der linken) Maustaste sein soll, die der PC noch als Doppelklick deutet. Ein Testfeld mit einem Kasper in der Kiste ermöglicht ausgiebige Tests. Ausprobieren und nach eigenem Gutdünken einstellen sollte man auch die Zeigergeschwindigkeit der Maus auf der Registerkarte »Bewegung«, und vielleicht gibt es ja auch Leute, denen die »Mausspur« bei der Arbeit hilft.

3. Fülle der Zeichen

»Ich kann Ihnen kein E-mail schreiben. Ich weiß nicht, wie ich an dieses eingewickelte kleine a herankomme.«

Drei Noten zur Tastatur

Die dritte Belegung

Das eingewickelte kleine a, das allgegenwärtige Symbol der Online-Sphäre, das Zeichen, das in jeder elektronischen Postadresse vorkommt, der Klammeraffe, das »Ätt«, ist als dritte Belegung der Q-Taste erreichbar mit der Tastenkombination AltGr+Q. Bei den gebräuchlichen Computertastaturen sind eine ganze Anzahl von Tasten mit drei Zeichen belegt. So wie sich die zweite Belegung schon auf der Schreibmaschine durch Kombination mit der Umschalt-Taste aktivieren ließ, ist nun diese dritte Belegung durch Kombination mit der Alt-Gr-Taste erreichbar.[5] So sind einige auf der Tastatur an-

[5] Anstelle von AltGr funktioniert auch Strg+Alt und die jeweilige Taste.

ders nicht mehr unterzubringende und dennoch häufig benötigte Zeichen leicht auf den Bildschirm zu holen, neben dem erwähnten @ vor allem die [eckigen] und die {geschweiften} Klammern, der sogenannte Backslash (\), der in den Pfadangaben zu Dateien (c:\windows\…) immer wieder gebraucht wird, und die Tilde (~), die häufig in Internet-Adressen vorkommt.

Der Zahlenblock

Die nach Art einer Rechenmaschine angeordneten Tasten auf der rechten Seite der Tastatur lassen sich durch Umschalten mit der »Num«-Taste wahlweise zur Eingabe von Zahlen oder als Pfeiltasten zur Steuerung des Cursors verwenden.[6] Beim Schreiben von Zahlen oder beim Einfügen von Berechnungen in Texte ist es gleichgültig, ob die Zahlen aus dem Buchstaben- oder aus

---

[6] Ob nach dem Einschalten des Computers die Zahlen- oder die Pfeiltastenfunktion aktiv ist, wird im sogenannten BIOS (Basic Input-/Output-System) eingestellt – jenem Elementarmodul der PC, das zu Beginn jeder PC-Sitzung, noch vor dem Starten einzelner Programme und Treiber, einen Selbst- und Speichertest unternimmt, von dem der Benutzer kaum mehr als das Abzählen des Wertes wahrnimmt, der die Größe des Arbeitsspeichers wiedergibt. Das BIOS erreicht man in der Regel, indem man beim Einschalten des Computers die Del- bzw. Entf-Taste gedrückt hält. In dem daraufhin erscheinenden Setup wird englisch gesprochen, und da der Computer zu diesem frühen Zeitpunkt, unmittelbar nach dem Start, auch nichts anderes kennt als die amerikanische Tastaturbelegung, ist auf einer deutschen Tastatur zur Eingabe eines bestätigenden »Yes« nicht die Y-Taste, sondern die Z-Taste zu drücken! Die Fortbewegung zwischen den verschiedenen Positionen und Optionen erfolgt mit den Pfeiltasten, denn auch die Maus ist noch nicht freigeschaltet. Unter einer Rubrik wie »Bios Features Setup« (Award) oder »Advanced CMOS Setup« (Ami) wird man die Zeile, in der von der »NumLock«-Taste die Rede ist, leicht finden. Mit der BildAuf- oder BildAb-Taste läßt sich zwischen »Off« (Pfeiltastenfunktion) und »On« (Zahlenfunktion) wählen. Nachdem man die Änderungen gespeichert und das Setup verlassen hat, wird der Boot-Vorgang des Computers fortgesetzt. Aber Vorsicht! Das BIOS ist ein sensibler Bereich. Falsche oder willkürlich veränderte Einstellungen können hier leicht zu Fehlfunktionen führen.

dem Zahlenblock kommen. Anders bei Zahlen, die innerhalb von Tastenkombinationen verwendet werden. In Word bewirkt die Verbindung der Strg-Taste mit der Fünf aus dem Buchstabenblock einen anderthalbfachen Zeilenabstand, während die Strg-Taste zusammen mit der Fünf aus dem Zahlenblock den gesamten Text markiert (vgl. S. 232). Das Aufrufen von Sonderzeichen mit der Alt-Taste und einer Zahlenkombination ist ebenfalls nur mit den Tasten des Zahlenblocks bei aktiviertem »Num« möglich. (vgl. S. 155 f.).

Akzente und diakritische Zeichen

Zumindest die Akzentbuchstaben, die im Französischen gebräuchlich sind (und einige mehr) lassen sich mit Hilfe der Tastatur darstellen. Der Vorgang ist stets der gleiche: die Taste für das Akzentzeichen (´`^) drücken und die Taste mit dem zu akzentuierenden Buchstaben folgen lassen. Auf diese Weise lassen sich Klein- und Großbuchstaben mit Akzenten versehen – allerdings nur solche, die als »zulässig« gelten. Soll ein Akzent ohne Buchstaben in den Raum gestellt werden, läßt man der jeweiligen Akzenttaste die Leertaste folgen.

Andere spezielle Zeichen des Französischen sind in Word ebenfalls über die Tastatur darstellbar:

- Die Cedille (ç, Ç): Strg+Komma+großes oder kleines C.
- Das Trema (z.B. ë, Ë): Strg+Umschalt+Doppelpunkt+e bzw. E.
- Die Ligatur (œ, Œ): Strg+Umschalt+&+ o bzw. O.

Die auf der Tastatur erreichbare Tilde (~) und der kleine Kreis (°) lassen sich mit Buchstabenzeichen nicht kombinieren. Um Buchstaben mit diesen und anderen Anhängseln, Auswüchsen und Zusätzen (z.B. ñ Ñ Å å) darzustellen, ist es erforderlich, in die Abteilung »Sonderzeichen« einzutauchen.

Zeichenvorräte

Das Repertoire der verfügbaren Zeichen läßt sich auf unterschiedliche Weise erweitern. In Word gelangt man über das Menü **Einfügen** ⇒ **Sonderzeichen** in ein Unterprogramm, in dem sich die verschiedenen Zeichensätze und Schriftarten, die auf dem Computer installiert sind, auf Tabellentafeln sichtbar machen lassen. Im Feld »Schriftart« wählt und wechselt man zwischen den verschiedenen Tafeln. Durch Doppelklick auf ein Zeichen wird dieses links neben dem Cursor in den Text eingefügt. Häufiger benötigten Zeichen läßt sich ein »Shortcut«, eine beliebige Tastenkombination, zuordnen. Sie muß mit der Alt- oder der Strg- oder der AltGr-Taste beginnen. Bei der Wahl einer neuen Tastenkombination wird angezeigt, ob sie noch frei oder bereits vergeben ist. In diesem letzten Fall hat man die Wahl, entweder eine neue Kombination auszuwählen oder die bisherige Zuordnung des Shortcuts zu löschen und neu zu definieren.

Einen Überblick über die installierten Zeichensätze verschafft auch das Windows-Zusatzprogramm »Zeichentabelle«, das in Windows 98 über **Start** ⇒ **Programme** ⇒ **Zubehör** ⇒ **Systemprogramme** (in Windows 95 auf dem gleichen Weg schon unter **Zubehör**) zu erreichen ist. Aus diesem Programm lassen sich ausgewählte Zeichen in die Zwischenablage kopieren und von dort in ein anderes Programm einfügen. Die Windows-»Zeichentabelle« zeigt im Unterschied zu Word den sogenannten Alt-Code eines ausgewählten Zeichens, z.B. Alt-

Taste + 0169 für ©. Auch mit diesem Code lassen sich spezielle Zeichen in einen Text einfügen. Dabei müssen die Zahlen über den Zahlenblock (bei aktiviertem »Num«) auf der Tastatur eingegeben werden.

Das Schriftenarchiv

Die Sammlung der verfügbaren Schriftarten und Zeichensätze oder Fonts wird unter Windows nicht vom Schreibprogramm, sondern von der »Systemsteuerung« verwaltet. Einblick ist innerhalb von Windows 95/98 zu erlangen auf dem Weg über **Start** ⇒ **Einstellungen** ⇒**Systemsteuerung** ⇒ **Schriftarten**. Man gelangt auf diese Weise in das Verzeichnis *c:\windows\fonts*, in dem auch Programme, die man neu installiert, gegebenenfalls weitere, von ihnen benötigte Schrift- und Zeichensätze neben dem Vorhandenen deponieren.

Durch Anklicken einer Schriftart mit der rechten Maustaste und Auswahl des Befehls **Öffnen** im Kontextmenü kann man ein Musterblatt mit großem und kleinem Alphabet, Zahlen und Satzzeichen in der jeweiligen Schrift an den Bildschirm holen und außerdem – in Schriftgrößen zwischen 12 und 72 Punkt – ein Meisterwerk konkreter Gebrauchspoesie genießen, das sich niemand entgehen lassen sollte: einen aus der Hektik des bayrischen Volkslebens schöpfenden Satz, der überaus kunstvoll sämtliche 26 Buchstaben des deutschen Alphabets in sich vereint.

Wundersame Vermehrung des Vorhandenen

Ich mußte mich erst an dieses Buch machen, um herauszufinden, daß mir gewisse Zeichen, die ich bisher für unerreichbar hielt, schon längst hätten zur Verfügung stehen können: das »š« und das »č« zum Beispiel, die in tschechischen Namen nicht selten vorkommen. Und auch wenn ich weder des Griechischen noch des Russischen mächtig bin, fühle ich mich als Schreiber ein bißchen kompletter und besser ausgestattet, seit ich weiß, daß mir die Alphabete dieser Sprachen im Prinzip zur Verfügung stehen.

In der Standardinstallation von Windows 95/98 wird die sogenannte »Sprachenunterstützung« übergangen. Ihre nachträgliche Einrichtung ist zu empfehlen. Die gewöhnlich verfügbaren Zeichenvorräte in den drei gebräuchlichsten Schriften – Arial, Courier New und Times New Roman – werden auf diese Weise nicht nur um ein vollständiges kyrillisches und griechisches Alphabet mit Groß- und Kleinbuchstaben, sondern auch um eine Fülle lateinischer Buchstaben mit vielfältigen Akzenten und Betonungszeichen ergänzt.

Der Weg zu der Stelle, an der diese folgenreichen Veränderungen vorgenommen werden können, ist zunächst der vielfach beschriebene über **Start ⇒ Einstellungen** zur **Systemsteuerung**. Dort wählt man die Rubrik **Software** und anschließend die Registerkarte **Windows-Setup**. In dem Fenster, das die **Komponenten** anzeigt, setzt man vor die Zeile **Sprachenunterstützung** durch einfachen Klick ein Häkchen und wählt dann unter **Details**[7] aus oder nimmt für alle Fälle gleich alles. Die Auswahl ist mit **OK** zu bestätigen, und noch einmal ist auf der Registerkarte **Sprachenunter-**

---

[7] In Windows 95 zwischen »Griechisch«, »Kyrillisch« und »Osteuropa«, in Windows 98 zwischen »Baltisch«, »Griechisch«, »Kyrillisch«, »Mitteleuropäisch« und »Türkisch«. In Windows 98 finden sich im Zeichensatz der Windows-Schriftart »Tahoma« auch hebräische und arabische Zeichen.

stützung ein **OK** zu drücken. Sodann erscheint eine Aufforderung zum Einlegen der Windows 95/98-CD, von der zuletzt die benötigten Dateien auf die Festplatte kopiert werden.

Die Erweiterung der Zeichenvorräte zeigt sich, wenn man nun im Schreibprogramm die Tafeln mit den Sonderzeichen in Augenschein nimmt: Unter Word 97 erscheint für die ergänzten Schriften der gesamte Bestand an Zeichen in einer einzigen, erheblich vergrößerten Tabelle. Die verschiedenen Abschnitte sind durch einen Klick auf die entsprechende Textzeile im rechten Auswahlfeld »Subsets« direkt erreichbar.[8] In der Windows-Zeichentabelle und in Winword 6.0 wird der erweiterte Bestand auf mehrere Tafeln verteilt.

Verschiedene Tastatur-Layouts

In den verschiedenen Ländern, die sich des lateinischen Alphabets bedienen, sind die Tastaturen der Schreibmaschinen und Computer unterschiedlich ausgelegt. Wo auf einer deutschen Tastatur links oben QWERTZ steht, liest man in England und Amerika QWERTY und in Frankreich AZERTY. Akzente und Sonderzeichen sind auf den verschiedenen Tastaturen ebenfalls unterschiedlich über die Tasten verteilt. Windows ermöglicht die Aktivierung verschiedener nationaler Tastatur-Layouts – zunächst für solche Sprachen, die sich der lateinischen Buchstaben bedienen, nach der Einrichtung der »Sprachenunterstützung« (vgl. S. 157) aber auch für das Griechische und das Russische und eine

[8] Vgl. hierzu auch die Informationen in der Online-Hilfe von Word 97 unter dem Stichwort »Internationale Zeichen«.

ganze Reihe weiterer Sprachen mit akzentreichen lateinischen Zeichensätzen.

In der **Systemsteuerung** ⇒ **Tastatur** betätigt man dazu auf der Registerkarte »Sprache« die Schaltfläche »Hinzufügen« und wählt aus der Liste des Verfügbaren aus. Es läßt sich hier auch eine Tastenkombination für das direkte Umschalten zwischen verschiedenen ausgewählten Tastatur-Layouts festlegen und außerdem bestimmen, daß die jeweils aktive Tastaturbelegung in der Task-Leiste angezeigt wird. Praktikabel wird das alles allerdings erst, wenn der Benutzer wenigstens ein Schema der alternativen Belegung vor Augen hat. Zur Not kann er sich selbst eines anfertigen und es drucken oder in einem eigenen Fenster am Bildschirm präsent halten, z.B. so:

GRIECHISCHES TASTATUR-LAYOUT

^	1	2	3	4	5	6	7	8	9	0	ß	´
⇑ ~	!	@	#	$	%	^	&	★	(	)	_	+
`	1	2	3	4	5	6	7	8	9	0	-	=
Q	W	E	R	T	Z	U	I	O	P	Ü	★	
⇑ :	Σ	E	P	T	Y	Θ	I	O	Π	{	}	
;	ς	ε	ρ	τ	υ	θ	ι	ο	π	[	]	
A	S	D	F	G	H	J	K	L	Ö	Ä	´	
⇑ Α	Σ	Δ	Φ	Γ	Η	Ξ	Κ	Λ	¨	»	|	
α	σ	δ	φ	γ	η	ξ	κ	λ	´	'	\	
<	Y	X	C	V	B	N	M	;	:	-		
⇑ Z	X	Ψ	Ω	B	N	M	<	>	?			
ζ	χ	ψ	ω	β	ν	μ	,	.	/			

159

Weitere Quellen

Im Internet gibt es eine Reihe von Schrift-Archiven, aus denen sich Zeichensätze für verschiedene Sprachen (bis hin zu Keilschrift und ägyptischen Hieroglyphen) herunterladen lassen. Zu beachten ist dabei, daß das deutlich größere Angebot an Zeichensätzen für den Apple Macintosh dem Betreiber eines Windows-Rechners nicht zur Verfügung steht. Zwei gute Ausgangspunkte für die Suche nach Schriften und Zeichen im Internet sind:

The Yamada Language Center. Archive of non-English Fonts
http://babel.uoregon.edu/FontLayout/FontMain.html

Fonts in Cyberspace
http://www.sil.org/computing/fonts/index.htm

Neue Schriften und Zeichensätze finden sich nicht selten auch auf den CDs, die inzwischen zur fast selbstverständlichen Beigabe von Computerzeitschriften geworden sind. Sie finden sich auch, zu Bibliotheken angeordnet, auf speziellen Schriften-CDs, die bisweilen für wenig Geld zu haben sind. Hier zwischen der Masse an typografischem Unrat und symbolischem Unfug das Nützliche und Gelungene ausfindig zu machen, ist nicht immer einfach.

Die meisten der über 750 Schriften in dem »Großen Schriftenpaket«, das im Rahmen der »Goldenen Serie« von Data Becker herausgebracht wurde[9], lohnen kaum den Aufwand der Installation, aber zwei der mitgelieferten Programme sind durchaus brauchbar: Der »Font Manager« leistet nicht nur bei der Installation neuer

[9] 2. Aufl 1997. ISBN 3-8158-6319-8. ca. DM 29,80.

Fonts, sondern auch bei der Orientierung zwischen denen, die schon auf dem Computer vorhanden sind, gute Dienste, und »DB Char« ist ein Programm, mit dem sich ähnlich wie mit der Windows-Zeichentabelle, aber komfortabler, sämtliche Zeichen eines Fonts anzeigen und in andere Programme übertragen lassen.

4. Vor dem Guckkasten

Der Platz auf dem Bildschirm ist immer zu knapp

– und er bleibt knapp, auch wenn man sich einen größeren Monitor gönnt. Ein paar Zeilen mehr bringt dieser größere Monitor auf den Bildschirm. Das ist nicht nichts, sondern angenehm, aber es bringt nicht den Überblick, der es dem Schreibenden erlaubt, sich ein Bild von einem längeren oder gar einem langen Text zu machen. Dennoch ist möglichst viel Schreib- und Lesefläche am Bildschirm wünschenswert, und wer bereit ist, auf die ständige Präsenz von grafischer Umrankung zu verzichten, kann manches tun, um ihn zu vergrößern. Hier folgen einige Vorschläge.

Die Windows-Task-Leiste versenken oder verschieben

Die Task-Leiste von Windows 95/98, die es ermöglicht, vergleichsweise leicht zwischen verschiedenen gleichzeitig geöffneten Programmen und Ordnern zu wechseln, ist in der gewöhnlichen Einstellung am unteren Bildschirmrand fest installiert. Sie läßt sich aber auch so einrichten, daß sie nur erscheint, wenn der Mauszeiger den unteren Bildschirmrand berührt. Sobald der Zeiger ins Innere der Bildschirmfläche zurückkehrt, versinkt die Task-Leiste wieder.

Die einzelnen Schritte: Auf **Start** klicken, dann zu **Einstellungen** ⇒ **Task-Leiste...** Auf der Registerkarte *Optionen der Task-Leiste* die Option »Automatisch im Hintergrund« aktivieren und OK drücken. Die Option »Immer im Vordergrund« muß aktiv bleiben, auch wenn beides zusammengenommen wie ein Widerspruch klingt. Ein bis zwei Zeilen Schreibfläche sind auf diese Weise gewonnen.

Es ist auch möglich, die Task-Leiste mit einer einzigen Mausbewegung vom unteren Bildschirmrand an einen der anderen Bildschirmränder zu bugsieren. Dazu führt man die Maus auf eine Stelle der Task-Leiste, an der sich keine Schaltfläche befindet, und zieht dann bei gedrückter linker Maustaste die Task-Leiste z.B. an den rechten Bildschirmrand. Auch eine solchermaßen verschobene Task-Leiste läßt sich auf die beschriebene Weise »versenken«.

Das Word-Fenster maximieren

Wem an einer möglichst großen Arbeitsfläche gelegen ist, der sollte das Fenster, in dem Word läuft, selbstverständlich »maximieren«, das heißt gegebenenfalls durch einen Klick auf die »Ein-Fenster«-Schaltfläche in der Titelleiste dafür sorgen, daß es den gesamten Bildschirm füllt. Auch nach einem Rechts-Klick auf die Titelleiste eines Fensters öffnet sich das Kontextmenü mit den einschlägigen Befehlen für das Vergrößern, Verkleinern und Schließen dieses Fensters. (Zum Umgang mit Fenstern in Windows vgl. auch S. 235 ff.)

Ausblenden, was nicht gebraucht wird

Nicht benötigte Symbolleisten lassen sich in Word und den meisten anderen Programmen, die sich ihrer bedienen, im Menü **Ansicht** jederzeit einzeln abschalten und wieder aktivieren.

In Word erreicht man die »Schalter« für die Symbolleisten unter **Ansicht ⇒ Symbolleisten.** Das Ein- und Ausschalten erfolgt durch einfachen Mausklick auf den Namen der jeweiligen Leiste. Auch die in der Normaleinstellung sichtbare Standard- und die Formatierungs-Symbolleiste lassen sich hier ausblenden. Sämtliche Word-Befehle bleiben dennoch über ihre schriftliche Ausfertigung in der Menüleiste erreichbar.

Wer das von Word im Menü **Ansicht** bereitgestellte »Lineal« nicht ständig benötigt, sollte es auch nicht am Bildschirm präsent halten, sondern durch einfachen Klick auf den Eintrag im Ansicht-Menü wegschalten. Zur gelegentlichen Nutzung muß dieses Lineal übrigens nicht über dieses Menü aktiviert werden. Wenn man den Mauszeiger genau auf die obere graue Begrenzungslinie des Schreibfeldes führt, senkt sich im übernächsten Augenblick das Lineal herab. Es verschwindet wieder, sobald sich der Mauszeiger von ihm zurückzieht.

Unter **Extras ⇒ Optionen ⇒ Ansicht** lassen sich auch die Statuszeile am unteren Rand des Word-Bildschirms sowie die horizontale und die vertikale Bildlaufleiste ausschalten.

Dem weißen Blatt am ähnlichsten

Die gründlichste Methode, den Bildschirm freizuräumen, bietet in Word der Befehl **Ganzer Bildschirm** im Menü **Ansicht.** Titel- und Symbolleisten am oberen Bildschirmrand verschwinden, und mit einem Schlag ist

Platz für vier oder fünf Zeilen gewonnen. Zurück bleiben nur die Statuszeile unten und eine beliebig verschiebbare Schaltfläche »Ganzer Bildschirm schließen«, mit der man zur gewöhnlichen Darstellung zurückkehren kann. Noch einfacher erfolgt die Rückkehr über die Taste Esc. Auch an diesem leeren Bildschirm steht das schriftliche Hauptmenü mit seinen Befehlen zur Verfügung: Es erscheint, sobald man den Mauszeiger an den oberen Bildschirmrand führt.

Wenn man in der Ansicht »Ganzer Bildschirm« unter **Extras ⇒ Optionen ⇒ Ansicht**, wie oben beschrieben, die Statuszeile und die beiden Bildlaufleisten ausblendet, dann wirkt sich diese Änderung auch nur auf diesen Modus aus. Bei der Rückkehr in die Normalansicht stehen Statuszeile und Bildlaufleisten wieder zur Verfügung.

Wem der Befehl **Ganzer Bildschirm** so nützlich erscheint wie mir, der wird ihn sich vielleicht auf der Standardsymbolleiste in Form einer Schaltfläche direkt erreichbar machen wollen. (Dazu mehr auf S. 199 ff.)

Längere Zeilen

Unter **Extras ⇒ Optionen ⇒ Ansicht** wird festgelegt, ob Word in der Normalansicht die *Zeilen auf Fensterbreite umbrechen* soll oder nicht. Läßt man diese Option inaktiv, so hat dies den Vorteil, daß in der Normalansicht schon beim Schreiben der Zeilenfall, den der Text im Druck annehmen wird, erkennbar ist. Es bedeutet aber auch, daß die Zeilen am Bildschirm kürzer sind, als sie sein könnten, denn ihre Länge richtet sich nun nach den unter **Datei ⇒ Seite einrichten ⇒ Seitenränder** vorgenommenen Einstellungen. Setzt man neben *Zeilen auf Fensterbreite umbrechen* durch einfachen

Mausklick ein Häkchen, so wird in der Normalansicht die gesamte Breite des Bildschirms genützt. Durch Umschalten in die Seiten-Layout-Ansicht im Menü **Ansicht** (oder durch Klick auf die entsprechende Schaltfläche in der horizontalen Bildlaufleiste am unteren Rand des Bildschirms) läßt sich der spätere Zeilenfall und das gesamte Erscheinungsbild, das der Text im Druck annehmen wird, jederzeit sichtbar machen.

Die Zoom-Funktion

Sie bietet eine weitere Möglichkeit, mehr Text als gewöhnlich auf den Bildschirm zu holen. Erreichbar ist sie im Menü **Ansicht** ⇒ **Zoom** oder direkt über das Auswahlfeld mit der Prozentzahl in der Standardsymbolleiste. Die voreingestellten Verkleinerungs- und Vergrößerungsfaktoren sind nicht bindend: ein beliebiger Faktor zwischen 10 und 500% läßt sich direkt in das Zahlenfeld schreiben, dann Enter drücken.

So gut es geht: die Übersicht behalten

Wer am Computerbildschirm den Überblick über ein Textgebilde von mehr als Briefeslänge bewahren oder erlangen will, hat keine guten Karten. Und wenn das Werk, das er in seiner Erstreckung betrachten möchte, gar zur Broschüre oder zum Buch heranwächst, wird vollends deutlich, daß der Bildschirmtext dem Papierstapel des ausgedruckten Manuskripts keineswegs in jeder Beziehung überlegen ist. Die Proportionen eines Textes, die Länge der einzelnen Abschnitte, die Plazierung und Abfolge von Zwischenüberschriften, lassen sich auf dem Papier besser beurteilen als durch das

Guckloch des Bildschirms, das trotz aller Modifikationen, die man eventuell vorgenommen hat, immer nur einen jämmerlich kleinen Ausschnitt der digitalen Schriftrolle zeigt, den gesamten übrigen Text hingegen abschneidet und nicht etwa am Rande des Sehfeldes gleichsam halb sichtbar erhält, wie dies beim papierenen Manuskript der Fall ist. Der Bildschirm schränkt die Möglichkeiten, ein angemessenes »Bild« von einem Text zu gewinnen, massiv ein. Die Bedrohung oder Gefährdung der eigenen stilistischen oder literarischen Urteilskraft, die von ihm ausgeht, sollte man durchaus ernst nehmen und keinen Text, der irgendwelchen Ansprüchen genügen soll, für »fertig« ansehen, den man nicht wenigstens einmal in gedruckter, papierener Gestalt in Augenschein genommen hat.

Wie alle größeren Schreibprogramme wartet auch Word mit verschiedenen Funktionen auf, die den Schreibenden bei dem Versuch unterstützen sollen, schon am Bildschirm Überblick über seinen Text zu erlangen. Da in der Not auch der Notbehelf hilfreich sein kann, sollte man sich mit ihnen vertraut machen und sie, wo es sinnvoll ist, auch nutzen.

Den Bildschirm teilen

Führt man den Mauszeiger auf das schmale graue Feld über der vertikalen Bildlaufleiste in der rechten oberen Ecke der Schreibfläche, so verwandelt er sich in eine Doppellinie mit einem nach oben und einem nach unten gerichteten Pfeil. Mit der gedrückten linken Maustaste läßt sich nun eine graue Teilungslinie über den Bildschirm ziehen und durch Loslassen der Maustaste an der gewünschten Stelle ablegen.

Die Alternative im Hauptmenü: **Fenster** ⇒ **Teilen**

– die graue Linie erscheint in der Mitte des Bildschirms und läßt sich von dort aus plazieren. Die Fensterteilung funktioniert auch in der Ansicht »Ganzer Bildschirm«. Will man aus einem geteilten wieder einen ungeteilten Bildschirm machen, so ergreift man die Teilungslinie mit dem Mauszeiger und zieht sie mit gedrückter linker Maustaste in den oberen oder den unteren Bildschirmrand und bringt sie dort durch Loslassen der Maustaste zum Verschwinden.

Auf einem »geteilten« Bildschirm läßt sich ein Text gleichzeitig durch zwei Gucklöcher an zwei verschiedenen Stellen betrachten oder bearbeiten. In jedem der beiden Teilungsausschnitte (mehr als zwei gibt es nicht) kann man unabhängig vom anderen vorwärts oder rückwärts »blättern« – eine nützliche Möglichkeit, wenn man in einem Text zwei voneinander entfernte Passagen vergleichen will oder im schon Geschriebenen etwas nachsehen will, ohne die Stelle, an der man gerade arbeitet, aus dem Blick zu verlieren. Außerdem ist es möglich, durch »Drag and Drop« (vgl. S. 232 f.) Textteile aus einem Teilungsausschnitt in den anderen zu kopieren oder zwischen den beiden zu verschieben.

Die Seitenansicht

ist im Hauptmenü *nicht* unter **Ansicht** erreichbar, sondern unter **Datei** ⇒ **Seitenansicht** oder über die Standardsymbolleiste: das weiße Blatt mit Eselsohr und Lupe. Sie bietet verschiedene Möglichkeiten, eine größere Zahl von Seiten zu überblicken.

Der Mauszeiger erscheint beim Einschalten der Seitenansicht als Pfeil, mit dem sich (erster Klick) eine von mehreren dargestellten Kleinseiten auswählen läßt. Die ausgewählte Seite bekommt einen unauffälligen blauen

Rand, und der Mauszeiger verwandelt sich in eine Lupe mit Pluszeichen, mit der sich (zweiter Klick) die angeklickte Textpassage so vergrößern läßt, daß sie in normaler Schriftgröße am Bildschirm erscheint. Nach der Vergrößerung verwandelt sich die Plus-Lupe des Mauszeigers in eine Minus-Lupe, mit der sich (dritter Klick) die Seite wieder verkleinern läßt. Zum Aufsuchen einzelner Stellen in einem Text kann das nützlich sein. Im Seitenansicht-Modus läßt sich der Text nicht nur ansehen, sondern auch bearbeiten, wenn man dem Mauszeiger durch einen Klick auf die Schaltfläche »Lupe« seine aus der Normalansicht gewohnte Doppel-T-Form zurückgibt.

Mehrere Fenster gleichzeitig offenhalten

Der oben beschriebene Befehl »Bildschirm teilen« ermöglicht den Blick durch zwei Fenster auf verschiedene Passagen des gleichen Textes. Mindestens ebenso wichtig für die Arbeit mit Texten am Bildschirm sind die verschiedenen Möglichkeiten, gleichzeitig mehrere Texte am Bildschirm im Auge zu behalten – sei es, um sie miteinander zu vergleichen, sei es um während des Schreibens in anderen schon vorhandenen Texten etwas nachzulesen, sei es, um Teile eines Textes in einen anderen zu kopieren oder zu verschieben. Öffnet man in Word nacheinander mehrere Texte, so erscheint jeweils der zuletzt geöffnete im Vordergrund, die übrigen liegen »dahinter«. Es gibt verschiedene Möglichkeiten, zwischen ihnen zu »navigieren«.

1. Mit der merkenswerten Tastenkombination **Strg+F6** wechselt man zum nächsten geöffneten Dokument, eine bequeme Möglichkeit des Herumschaltens, wenn nicht mehr als vier oder fünf Texte geöffnet

sind. Mehrmaliges Betätigen von Strg+F6 führt auf einem Rundkurs durch alle geöffneten Dokumente.

2. Im Menü **Fenster** wird eine Liste der geöffneten Dokumente angezeigt. Jedes von ihnen läßt sich durch einfachen Klick oder Eingabe der Zahl vor dem Dokumentennamen in den Vordergrund holen. Sonderbarerweise ist es in Word nicht möglich, aus dieser Liste auf einen Schlag mehrere Dokumente auszuwählen und gleichzeitig an den Bildschirm zu holen.

3. Dagegen kann man mit **Fenster** ⇒ **Alle anordnen** sämtliche geöffneten Dateien gleichzeitig auf den Bildschirm bringen: bei mehr als drei wird man allerdings wenig Freude an den schmalen Ausschnitten haben.

Es ist im Prinzip zwar möglich, zwischen verschiedenen gleichzeitig am Bildschirm geöffneten Fenstern Textteile durch »Drag&Drop« zu verschieben oder zu kopieren. Aber wenn der Mauszeiger mit dem zu transportierenden Textstück einen Fensterrahmen berührt, gerät die digitale Schriftrolle so heftig ins Rollen, daß es fast unmöglich ist, das Ziel des Texttransportes anzusteuern. Besser gelingt das Kopieren und Verschieben mit Hilfe der Zwischenablage.

Eine weitere Möglichkeit, den Überblick vor allem bei längeren Texten zu behalten, bieten die Funktionen **Gliederung** und **Dokumentenstruktur,** von denen im nächsten Kapitel die Rede sein soll (vgl. S. 194 ff. und 197).

5. Ungenutzt? – und dennoch nützlich!

In diesem Kapitel soll auf einige Funktionen von Word hingewiesen werden, die, wenn ich mich nicht irre, manche Benutzer für schwierig oder unzugänglich halten. Der Umgang mit Textbausteinen, mit Feldfunktionen und Textmarken, mit Format- und Dokumentvorlagen und schließlich mit der Gliederungsfunktion erfordert tatsächlich eine gewisse Einübung. Aber der Nutzen, der sich für den Schreibenden daraus ergeben kann, steht, wie mir scheint, in einem vernünftigen Verhältnis zum Studienaufwand. Die folgenden Erläuterungen können keine erschöpfende Darstellung der einzelnen Funktionen geben. Sie wollen neugierige Nutzer aber immerhin dazu verlocken, sich in Gebieten umzusehen, die für manchen vielleicht noch Terra incognita sind. Wer genaue Karten dieser Bezirke und gründlichere Auskunft wünscht, sollte ein ausführliches Handbuch, in Einzelfragen auch die Online-Hilfe von Word zu Rate ziehen.

AutoText – Textbausteine

AutoText ist natürlich nur ein Jux-Name – nichts geht oder entsteht von selber, Text am allerwenigsten. Zu einem Textbaustein läßt sich aber vieles machen: Wörter, Wendungen, Sätze, Abschnitte, ganze Texte, denen eine Abkürzung oder ein Kurzwort zugeordnet wird, über das sie mit der Taste F3 leicht aufgerufen werden können. Solche Textbausteine können Formatierungen, Feldfunktionen (vgl. S. 174 ff.), auch Bilder enthalten. Eine Größenbegrenzung gibt es nicht, und sie lassen sich so einfach herstellen, daß es auch während des Schreibens zu keiner größeren, störenden Unterbrechung kommt. Dies sind die Schritte:

1. Was Textbaustein werden soll, wird markiert.
2. Unter **Einfügen** ⇒ **AutoText** ⇒ **Neu** (oder über

Alt+F3) wird ein beliebiger Name für den Textbaustein definiert. Mit OK wird der Vorgang abgeschlossen.

3. Schreibt man den solchermaßen definierten Textbausteinnamen in einen Text und drückt anschließend F3, so wird an dieser Stelle der Name durch den kompletten Textbaustein ersetzt.

Ein Textbausteinname kann aus einem einzigen oder mehreren Zeichen bestehen, z.B. aus den Initialen eines Personennamens oder einer Abkürzung oder einem Merkwort für einen größeren Ausdruck. Wählt man einen Textbausteinnamen, der schon vergeben ist, wird man vor die Wahl gestellt, den alten Eintrag neu zu definieren oder einen anderen Namen zu wählen. Übersichtlicher als in dem Dialogfeld, das sich mit Alt+F3 auftut, läßt sich das unter **Einfügen** ⇒ **AutoText** ⇒ **Autotext** bewerkstelligen.[10] Hier findet sich eine Liste sämtlicher Textbausteinnamen mit einer Vorschau auf das, wofür sie stehen. Auch neue Textbausteine lassen sich hier erstellen – und nicht mehr benötigte oder immer schon überflüssige lassen sich löschen, zum Beispiel jene, die Word selbst hier deponiert hat: von »Alles Liebe« über »Einschreiben« und »Pfüati« bis »Uf wiederluagn«.

Diese von Word vorgegebenen Bausteine nutzen die AutoText-Funktion übrigens gar nicht wirklich aus: ihre Namen sind identisch mit ihrem Inhalt. Die Hilfe besteht allein darin, daß in der Normaleinstellung von Word nach der Eingabe von vier Buchstaben eines Textbausteinnamens der ganze Wortlaut als »Tip« in einem Fensterchen erscheint und mit der Eingabetaste über-

[10] Wer häufig mit Textbausteinen arbeitet, sollte die Schaltfläche **AutoText einfügen** in eine Symbolleiste aufnehmen. Vgl. dazu S. 199 ff..

nommen werden kann. Die Folge dieser sonderbaren Funktion: Kaum hat man, in welchem Zusammenhang auch immer, das Wörtchen »alle« auf den Bildschirm gebracht, leuchtet als Tip »Alles Liebe« auf. Man kann dieser Art von autotextueller Belästigung einen Riegel vorschieben, indem man unter **Einfügen** ⇒ **AutoText** ⇒ **AutoText** das Häkchen vor der Zeile »Rest des Wortes oder Datums während der Eingabe als Tip vorschlagen« entfernt. Außerdem sollte man ernsthaft in Erwägung ziehen, sämtliche vorgegebenen Einträge in der Liste einen nach dem anderen zu löschen. Sie behindern nur die Sicht auf selbsterstellte Textbausteine, die wirklich nützlich sein können. Hier einige Beispiele:

◆ Eigennamen und Begriffe, zumal lange und komplizierte, die in einem Text häufig vorkommen, lassen sich, für das Kurzzeitgedächtnis einprägsam, unter ihren Initialen ablegen. Gelegentlich sollte man die Liste der Textbausteine durchgehen und jene löschen, die nur für ein Projekt erzeugt wurden und nun nicht mehr benötigt werden.

◆ Ein Briefkopf mit der eigenen Adresse und einem Datum-Feld, das beim Aufruf des Textbausteins das jeweils aktuelle Datum angibt (vgl. S. 177), etwa unter dem Bausteinnamen »Briefkopf«.

◆ Die Angaben über die eigene Bankverbindung, z.B. unter dem Namen »Konto«.

◆ Häufig in Briefen benutzte Adressen unter dem Vor- oder Nachnamen des Adressaten.

◆ Stereotype Wendungen wie »Aus dem Englischen von …« unter »ade«.

◆ Formularähnliche Texte, in denen nur an bestimmten Stellen Änderungen oder Einträge zu machen sind, z.B. die auf S. 181 abgebildete sich selbst ausrechnende Rechnung unter dem Namen »Rechnung«. Ruft man einen solchen mit Eingabefeldern versehenen Textbaustein mit F3 auf, werden zunächst die verschiedenen Eingaben erfragt und anschließend der aktualisierte Textbaustein auf den Bildschirm gebracht.

Die Funktion »Sammlung«

Word bietet die Möglichkeit, markierte Passagen, Wörter, Sätze, Abschnitte, aus einem oder mehreren Texten mit der Tastenkombination Strg+F3 in die sogenannte »Sammlung« zu *verschieben*. Dort werden diese Passagen in der Reihenfolge ihrer Aufnahme nacheinander als Absätze festgehalten. Auf zweierlei Weise läßt sich der Inhalt dieser »Sammlung« am Bildschirm sichtbar machen:

◆ Gibt man den von Word vorgegebenen und nicht veränderbaren Textbausteinnamen »Sammlung« ein und drückt F3, so wird eine Kopie des Inhalts der Sammlung vor dem Cursor eingefügt. Die Sammlung bleibt erhalten und kann an einer anderen Stelle noch einmal ausgegeben werden.

◆ Mit der Tastenkombination Strg+Umschalt+F3 wird der Inhalt vor dem Cursor eingefügt und die Sammlung »geleert«. Anschließend kann eine neue Sammlung von Elementen zusammengestellt werden.

Zu beachten ist bei dieser Funktion, daß die für die Sammlung ausgewählten Passagen an ihrer ursprünglichen Stelle im Text *gelöscht* werden! Wenn der Text, aus dem man auswählt, intakt bleiben soll, sollte man beim Einsammeln von vornherein mit einer Kopie arbeiten oder den Ausgangstext, der nachher mit Lücken übersät ist, beim Schließen *nicht* speichern.[11]

Ein Spiel mit Feldern und Textmarken

Mit einer umfassenden Darstellung der Verwendung von »Feldern« in Word ließen sich lange, verwickelte Kapitel und ganze Bücher füllen. Im folgenden sollen nur einige einladende Hinweise zu ausgewählten Feldfunktionen gegeben werden, die sich jeder Schreibende ohne größeres Kopfzerbrechen zunutze machen kann.

Word verwendet an vielen Stellen Felder, ohne daß der Nutzer es bemerkt: bei der automatischen Vergabe von Seitenzahlen in einem Manuskript, bei der Erstellung von Registern und Verzeichnissen. Felder bringen ein Element der Bewegung und Veränderlichkeit in einen Text. Manchen Feldern können wechselnde Inhalte zugeordnet werden. Felder können dazu gebracht werden, verschiedene Leistungen zu erbringen, etwa Fragen zu stellen und die Antwort in den Text zu übernehmen. Sie lassen sich dazu verwenden, in einem Briefkopf das aktuelle Datum anzuzeigen oder in einem Text oder einer Tabelle Berechnungen anzustellen.

Statt erschöpfender Erklärungen folgt hier eine Einladung zum Spiel. Im praktischen Mittun und Ausprobieren am Bildschirm wird einiges von dem, was sich mit Feldern machen läßt, wahrscheinlich anschaulicher werden als in wortreichen Erläuterungen. Und zuletzt soll

[11] Unter den mitgelieferten, aber nicht automatisch installierten Makros von Word sind auch einige, die die Funktion »Sammlung« praktikabler machen. Sie ermöglichen es, Passagen in die Sammlung zu *kopieren*, statt zu löschen, und den Inhalt der Sammlung anzusehen. Man findet sie (mit Hilfe des Windows-Explorers **Start ⇒ Suchen ⇒ Dateien/Ordner**) in der Word- oder Office-Software unter dem Dateinamen MAKRO80.DOT.

aus diesem Spiel sogar etwas Nützliches hervorgehen: die sich selbst ausrechnende Übersetzungsrechnung.

Zur Vorbereitung sollten Sie unter **Extras** ⇒ **Optionen** sicherstellen, daß auf der Registerkarte **Ansicht** vor »Textmarken« ein Häkchen, vor »Feldfunktionen« *kein* Häkchen steht und daß unter »Feldschattierung« *immer* gewählt ist. Dann kann das Spiel losgehen – am besten auf einer leeren Seite mit einem neuen Dokument:

1. Beginnen Sie einen Satz wie »Es ist jetzt genau…«, aber vollenden Sie ihn nicht mit der aktuellen Uhrzeit, sondern öffnen Sie über **Einfügen** ⇒ **Feld** das Doppelfenster der Felder.

Hier lassen sich die verschiedenen Feldfunktionen auswählen und, wenn nötig, genauer bestimmen. Wenn im linken »Kategorien«-Fenster der erste Eintrag »(alle)« markiert ist, erscheint im rechten Fenster eine Liste sämtlicher Feldnamen, die Word kennt. Klickt man einen der Einträge an, erscheint er in der Eingabezeile, zusammen mit einer kurzen Erläuterung und einem Schema für die Schreibweise oder »Syntax« der Feldfunktion.

2. Wählen Sie in der Liste der Feldnamen den letzten Eintrag: »Zeit« und bestätigen Sie Ihre Wahl mit OK. Auf dem Bildschirm erscheint nun dort, wo die Einfügemarke steht (nach meinem Vorschlag also hinter »Es ist jetzt genau…«), ein graues Feld mit der aktuellen Uhrzeit oder dem, was Ihr Rechner dafür hält.[12]
Hinter dem eingefügten Zeit-Feld können Sie in

---

[12] Falls die innere Uhr Ihres Computers falsch gehen sollte, können Sie sie in der Windows-Systemsteuerung unter »Datum/Uhrzeit« richtig einstellen.

Ihrem Text fortfahren. Sie können dieses und jedes andere Feld auch wie ein gewöhnliches Wort durch Doppelklick oder über die Tastatur markieren. Sie können es formatieren, löschen oder innerhalb eines Textes verschieben. Klickt man mit der rechten Maustaste in das Feld, so findet sich im Kontextmenü unter anderem auch die Zeile »Feldfunktionen Ein\Aus«. Ein Klick darauf zeigt die Feldfunktion, also die Befehlszeile, die dem Feld zugrunde liegt, in diesem Fall {ZEIT * FORMAT-VERBINDEN}.[13] Ein erneuter Mausklick auf »Feldfunktionen Ein\Aus« bringt die Uhrzeit, den »Feldinhalt« oder das »Feldergebnis«, wieder zum Vorschein.

3. Wählen Sie nun über **Einfügen** ⇒ **Feld** noch einmal »Zeit« aus, und drücken Sie anschließend die Schaltfläche **Optionen**. Hier können Sie nun zwischen einer Vielzahl von »Formaten« für Datums- und Zeitangaben wählen. Entscheiden Sie sich für den letzten Eintrag in der Liste: »HH:mm:ss«. Mit **Hinzufügen** und **OK** kehren Sie auf die Hauptseite der Feldauswahl zurück und fügen mit einem weiteren **OK** nun ein neues Uhrzeitfeld in Ihren Text ein, in dem neben den Stunden und Minuten auch die Sekunden angezeigt werden. Klicken Sie mit der rechten Maustaste auf das Feld und wählen Sie im Kontextmenü »Felder aktualisieren«. Sie werden sehen: zumindest der Sekundenwert hat sich bereits geändert.

[13] Die geschweiften Klammern, die jedes Feld einschließen, setzt Word automatisch. Wer versucht, ein Feld eigenhändig am Bildschirm zu erzeugen, indem er mit der Tastatur geschweifte Klammern eingibt und dazwischen eine Feldfunktion schreibt, wird scheitern. Geschweifte Feldklammern mit grauem Hintergrund lassen sich auf der Tastatur mit der Kombination Strg+F9 erzeugen. Zwischen *diese* Klammern lassen sich Feldfunktionen freihändig schreiben, wobei allerdings die »Syntax« genau zu beachten ist. Hier beschränken wir uns auf die Hilfestellungen, die der Befehl **Einfügen** ⇒ **Feld** bietet.

Die wichtigsten Befehle im Umgang mit Feldern haben Sie nun bereits kennengelernt:

◆ Die Auswahl von Feldern über **Einfügen** ⇒ **Feld**.
◆ Die Möglichkeit, ausgewählte Felder über **Optionen** genauer zu bestimmen oder zu formatieren.
◆ Den Befehl **Feldfunktionen Ein\Aus** (auch mit Umschalt+F9)
◆ Den Befehl **Felder aktualisieren** (auch mit F9).

Das Spiel geht weiter.

4. Schreiben Sie eine Datumszeile, wie sie in einem Briefkopf vorkommt, z.B. »Berlin, den« und wählen Sie nun, statt das Datum einzugeben, über **Einfügen** ⇒ **Feld** das Feld »AktualDat« aus. Nach der Bestätigung mit OK erscheint das aktuelle Datum in ihrer Datumszeile, z.B:

Berlin, den 08.09.98

Wenn Ihnen dieses Datumsformat nicht zusagt, können Sie unter **Optionen** zwischen verschiedenen anderen Schreibweisen wählen, z.B.:

Berlin, Dienstag, 8. September 1998

Vielleicht haben Sie schon einen Briefkopf mit Ihrer Adresse, Ihrer Telefonnummer usw. als AutoText oder Textbaustein gespeichert (vgl. S. 172). Den können Sie nun durch ein solches Datumsfeld ergänzen. Bei jedem Aufruf des Textbausteins wird das Datum automatisch aktualisiert.

Diese Aktualisierungs-Automatik läßt sich, wenn nötig, aber auch außer Kraft setzen. Soll ein Feld so bleiben wie es ist, kann man es mit Strg+F11 sperren. (Aufgehoben wird diese Sperre mit Strg+Umschalt+F11.)

Außerdem besteht die Möglichkeit, Feldfunktionen mit Strg+Umschalt+F9 dauerhaft zu löschen und den aktuellen Inhalt des Feldes auf diese Weise in gewöhnlichen Text zu verwandeln.

5. Vielfältige Möglichkeiten bietet die Feldfunktion »Eingeben«. Wählen Sie dieses Feld unter **Einfügen** ⇒ **Feld** einmal aus und setzen Sie in die Befehlszeile hinter das bereits vorhandene EINGEBEN einen Text, der eine bestimmte Eingabe anfordert, z.B. »Die Adresse, bitte«. Wenn diese »Eingabeaufforderung« mehr als ein Wort lang ist, muß sie in Anführungszeichen (»...«) gesetzt werden. Nach der Bestätigung mit OK erscheint ein Dialogfenster, in dem Sie nun das, wozu Sie sich selbst aufgefordert haben, eingeben können. Was immer Sie schreiben – nach der Bestätigung mit OK wird es in Ihren Text eingefügt: eine Adresse innerhalb eines Briefes z.B. immer an der gleichen Stelle, so daß sie im Fenster eines Briefumschlags unverdeckt und lesbar ist. Wenn die Einfügemarke innerhalb des Feldes steht, läßt sich der Vorgang mit F9 oder »Felder aktualisieren« wiederholen und eine neue Eingabe machen. Sämtliche Felder in einem Dokument können Sie auf einen Schlag aktualisieren, indem Sie das Dokument mit Strg+A als Ganzes markieren und dann F9 drücken. Probieren Sie das auf Ihrem Spielfeld doch einmal aus – vielleicht ist noch kein neuer Tag angebrochen und das Datumsfeld deshalb unverändert, aber Zeit ist inzwischen unweigerlich verstrichen – und ich hoffe, Sie haben nicht das Gefühl, ich hätte sie Ihnen gestohlen.

6. Das erste Feld in der Liste unter **Einfügen** ⇒ **Feld** wird mit einem Gleichheitszeichen bezeichnet: »=(Ausdruck)«. Mit diesem Feld lassen sich Berechnungen an-

stellen. Geben Sie in der Befehlszeile hinter dem Gleich-heitszeichen 2 ★ 2 ein, dann erscheint in Ihrem Text nach **OK** eine grau hinterlegte Vier. Öffnen Sie mit einem rechten Mausklick auf diese Vier das Kontextmenü. Wählen Sie »Feldfunktionen ein/aus« und verändern Sie die Rechenformel, z.B. indem sie das Multiplikationszei-chen ★ durch das Divisionszeichen / ersetzen. Wenn Sie nun »Feldfunktion ein/aus« anklicken, zeigt das Feld im-mer noch die Vier als Ergebnis. Erst nach dem Aktuali-sieren mit F9 erscheint das neue Ergebnis korrekt.

Noch umständlicher läßt sich kaum rechnen – könnte man sagen. Wenn das alles wäre. Für kleinere Berechnungen mit festen Werten innerhalb eines Textes ist die verborgene Funktion »Rechnen im Text« (vgl. S. 209) allemal besser geeignet. Und den Windows-Ta-schenrechner (vgl. S. 92 f.) gibt es ja auch noch.

Im Berechnungs-Feld »=(Ausdruck)« kann man je-doch nicht nur mit festen Zahlen, sondern auch mit Wörtern rechnen, genauer gesagt mit sogenannten »Textmarken«, denen Zahlenwerte variabel zugeordnet werden können. Der Ausdruck »= Seiten ★ Preis« be-rechnet dann für wechselnde Manuskriptumfänge und unterschiedliche Honorarsätze den Preis für eine Über-setzung, und »= Seiten ★ Preis ★ 0,07« berechnet die entsprechende Mehrwertsteuer. Sie sehen, wir kommen der sich selbst ausrechnenden Rechnung langsam näher.

7. Schreiben Sie eine Zeile wie: »Manuskriptumfang M Seiten, Seitenpreis von N DM«. Fügen Sie anstelle von M ein Eingeben-Feld mit der Eingabeaufforderung »Anzahl der Seiten?« ein, wie oben unter 5. beschrieben, und geben Sie nach OK im Dialogfenster eine Zahl ein. Fügen Sie anstelle von N ein zweites Eingeben-Feld mit der Eingabeaufforderung »Preis pro Seite? z.B. 30,00«

ein und geben Sie auch in diesem zweiten Dialogfenster eine Zahl ein.

Im nächsten Schritt werden nun diesen beiden Eingeben-Feldern sogenannte »Textmarken« zugeordnet.

Markieren Sie zunächst das Seiten-Feld, so daß es nicht mehr grau, sondern schwarz erscheint. Mit **Einfügen** ⇒ **Textmarke** öffnen Sie ein Fenster, in dem Sie dem markierten Feld einen frei wählbaren, aber möglichst aussagekräftigen Namen zuweisen, z.B. »Seiten«. Drücken Sie »Hinzufügen« – das Dialogfenster schließt sich, und das Feld, dem Sie eine Textmarke zugewiesen haben, ist nun von eckigen schwarzen Klammern eingefaßt.[14] Verfahren Sie mit dem Seitenpreis-Feld genauso: Nach **Einfügen** ⇒ **Textmarke** ersetzen Sie die in der Einfügezeile von Word vorgeschlagene erste Textmarke durch einen zweiten Textmarkennamen, z.B. »Preis«, und drücken **Hinzufügen**.

Schließlich wird in einer Zeile, die z.B. lauten könnte »Das Honorar beträgt …« ein »=(Ausdruck)«-Feld installiert, dessen »Ausdruck« die beiden Textmarken enthält und außerdem einen sogenannten »Schalter«, der dafür sorgt, daß das Ergebnis immer zwei Stellen hinter dem Komma aufweist: »= Seiten * Preis \#0,00«.

Wenn Sie nun den gesamten Textbereich mit den beiden Eingeben-Feldern und dem Berechnungsfeld markieren und mit F9 aktualisieren, werden zunächst eine neue Seitenzahl und ein neuer Honorarsatz abgefragt und anschließend im Ergebnisfeld das neue Rechenergebnis präsentiert.

8. Eine geschäftsfähige Rechnung, die auch die Mehr-

---

[14] Diese Klammern werden nicht mitgedruckt. Am Bildschirm sind sie nur sichtbar, wenn unter **Extras** ⇒ **Optionen** ⇒ **Ansicht** auf der Karte **Ansicht** vor »Textmarken« ein Häkchen steht.

wertsteuer berücksichtigt, läßt sich mit den bisher vorgestellten Mitteln nun vervollständigen. Dem Feld »= Seiten ★ Preis \#0,00« wird eine dritte Textmarke (z.B. Netto) zugewiesen. In einem Berechnungs-Feld läßt sich dann mit der Zeile »= Netto ★ 0,07 \#0,00« die Mehrwertsteuer errechnen. Diesem Mehrwertsteuer-Feld wird eine vierte Textmarke (z.B. Mwst) zugeordnet und der Gesamtbetrag in einem weiteren Berechnen-Feld mit der Zeile »= Netto + Mwst \#0,00« ermittelt.

Der »Bauplan« einer solchen Rechnung könnte etwa so aussehen wie in dem folgenden Beispiel. Feldfunktionen sind eingerahmt und ohne die von Word automatisch ergänzten geschweiften Klammern wiedergegeben, Textmarken erscheinen in fetter Schrift:

Martin H. Drechsler
Himmelshöherstr. 8
35764 Sinn/Hess.

AKTUALDAT
Sinn, den 08.09.98
Tel. 010/98 76 54

EINGEBEN »Der Empfänger?«
Kaspar Zahl Verlag
Marktstr. 12
34567 Achternbach ü. Neun

RECHNUNG

Für die Übersetzung

EINGEBEN »Autor und Titel?«
Gideon Zehn: Nanu??

erlaube ich mir in Rechnung zu stellen:

EINGEBEN: »Anzahl der Seiten?«	EINGEBEN: »Preis pro Seite? z.B. 30,00«	= Seiten ★ Preis \#0.00
Textmarke: Seiten	**Textmarke: Preis**	**Textmarke: Netto**
[11] Seiten à	[30,00] DM	[330,00] DM
		= Netto ★ 0,07 \#0,00
		Textmarke: Mwst
zuzügl. MWST. 7%		[23,10] DM
		= Netto + Mwst \#0,00
Insgesamt		[353,10]

Meine Kontonummer.
Sparkasse Sinn/Hess. BLZ 400 300 20
Kto. 256095600

Das Spiel ist zu Ende. Diese Rechnung ist nicht mehr als ein Beispiel. Felder sind vielfältig anwendbar, und es sind in diesem Abschnitt nicht alle Feldfunktionen zur Sprache gekommen, die für den gewöhnlichen Schreibenden interessant sein können. Wer tiefer in die Materie vordringen will, sollte zu einem der umfangreichen Handbücher greifen. Er könnte auch bei der Liste der Feldfunktionen unter **Einfügen** ⇒ **Feld** beginnen. Durch einen Klick mit der rechten Maustaste auf einen markierten Feldnamen lassen sich zu jedem Feldnamen ziemlich ausführliche Erläuterungen in der »Direkthilfe« von Word einsehen. Besondere Aufmerksamkeit verdienen dabei, wie mir scheint, neben den hier erwähnten auch die Felder: »Angeben«, »Bestimmen«, »Frage«, »GeheZu«, »Makroschaltfläche«, »Ref« und »Wenn«.

Endlich kapiert: Format- und Dokumentvorlagen

Der eine begreift schneller, der andere langsamer. Bei mir hat es bis zu diesem Buch, also ungefähr zwölf Jahre, gedauert, ehe ich verstanden habe, was es mit den Dokument- und Formatvorlagen in Word auf sich hat, von denen so viele Handbücher des Lobes und der verwickelten Erläuterungen voll sind. Aber sonderbar – in diesen zwölf Jahren hat mir nichts gefehlt. Ich wußte zwar, irgendwo im Hintergrund gibt es diese Vorlagen – vor allem jene eine, die Mutter von allen: *normal.dot*. Aber weil ich mit Word alles tun konnte, was ich tun wollte, ohne mit Format- und Dokumentvorlagen zu jonglieren, habe ich keine energischen Versuche gemacht, ihre Funktionsweise und ihren Nutzen zu ergründen – zumal die einschlägigen Ausführungen in den Handbüchern seit den frühesten Word-Versionen stets zu den dunkelsten und abschreckendsten Kapiteln gehörten, die diese Kompendien zu bieten hatten.

Wozu Format- und Dokumentvorlagen gut sein können (und *daß* sie zu etwas gut sein können), dämmerte mir erst, als ich im letzten Sommer mit der elektronischen Post ein Filmdrehbuch geschickt bekam und dazu die Frage, ob ich es übersetzen könnte. Leider fehlte wegen der Arbeit an *diesem* Buch die Zeit. Aber wozu Format- und Dokumentvorlagen taugen können, habe ich gerade noch rechtzeitig begriffen, als ich mir das mit Word geschriebene Drehbuch am Bildschirm genauer ansah.[15] Eine auch im Schriftbild aufwendige Angelegenheit: Akt- und Szenenüberschriften in unterschiedlichen Schriftgraden, die Erzählung der »Action« als Fließtext über die ganze Breite der Seite in kursiver Schrift, die Rollennamen in fetten Großbuchstaben zentriert, darunter mit geringem Abstand Regieanweisungen in Klammern, ebenfalls zentriert, und mit etwas größerem Abstand der Dialog in sehr viel kürzeren Zeilen als die Erzählung der Handlung und im Unterschied zu diesem in gewöhnlicher, gerader Schrift – und alle diese Formate über hundert Manuskriptseiten hinweg in ständigem Wechsel. Wer alles das, Zeile für Zeile, Textblock für Textblock manuell formatieren will, nimmt viel Mühsal auf sich und hat jedenfalls erheblich mehr gedankenarme Arbeit zu verrichten als derjenige, der die diversen Formatierungen der einzelnen Textelemente unter Namen wie »Rolle«, »Szenerie«, »Action«, »Dialog« in Formatvorlagen zusammenfaßt und speichert und diese wiederum in einer Dokumentvorlage zusammenfaßt – nicht in *normal.dot*, sondern in einem Ableger davon.

[15] Mein Dank geht an Irene Dische und Wieland Schulz-Keil.

Zum Beispiel: Drehbuch.dot

Wie im Abschnitt über die Felder ergeht hier noch einmal die Einladung zum praktischen Mittun. Auch wenn Sie kein Drehbuch und kein Theaterstück schreiben wollen, können Sie auf diese Weise vielleicht eher als durch lange Erläuterungen eine Vorstellung davon gewinnen, wie mit Format- und Dokumentvorlagen umzugehen ist, was sich mit ihnen anfangen läßt und was nicht.

1. Eine neue Dokumentvorlage erzeugen
Dies geschieht im Hauptmenü unter **Datei** ⇒ **Neu...**, indem Sie auf der Registerkarte **Allgemein** unter »Neu erstellen« die Option »Vorlage« wählen. Dabei soll der Eintrag »Leeres Dokument« (= normal.dot) blau markiert sein, zum Zeichen dafür, daß die neue Vorlage auf der Grundlage von *normal.dot* erstellt wird.[16]

2. Die neue Dokumentvorlage mit einem Namen versehen und speichern.
Nach der Bestätigung mit OK kehren Sie zum gewohnten Word-Bildschirm zurück. Nur in der blauen Titelleiste hat sich etwas verändert. Dort steht nun der von Word automatisch vergebene Name, z.B. »Vorlage 1«. Geben Sie der neuen Dokumentvorlage unter **Datei** ⇒ **Speichern** zunächst einmal einen wiedererkennbaren Namen. In der Zeile »Dateiname« wird etwas Nichtssagendes wie »Dot1.dot« vorgeschlagen. Ersetzen Sie es durch einen Namen Ihrer Wahl, z.B. »Drehbuch« und speichern Sie. Die Dateiendung ».dot« fügt Word automatisch hinzu, sie steht für *document template*, »Dokumentvorlage«.

---

[16] Die Schaltfläche »Neu« in der Symbolleiste hat nicht die gleiche Wirkung wie **Datei** ⇒ **Neu...** Mit ihr wird ein neues Dokument in jedem Fall auf der Basis von *normal.dot* erzeugt.

*3. Eine Möglichkeit, Überblick über die Formatvorlagen zu
gewinnen*
Ein Klick auf das kleine Dreieck neben dem Listenfeld
am linken Rand der Formatsymbolleiste, in dem für gewöhnlich »Standard« zu lesen ist, zeigt Ihnen nach einer
kurzen Aufbauphase, welche »Formatvorlagen« im Augenblick bereitstehen. Es sind die, die aus der allgemeinen Dokumentvorlage *normal.dot* übernommen wurden, auf der die neue Vorlage ja basiert. Wenn Sie am
Ende der im folgenden beschriebenen Operationen
dieses Listenfeld erneut aufklappen, werden Sie sehen,
daß sich die Einträge vermehrt und verändert haben.

4. Eine neue Standard-Schrift festlegen
Die Veränderungen, die nun geschildert werden, nehmen Sie nicht auf der Schreibfläche vor, sondern im
Hintergrund von Word – auf den Dialogtafeln, die sich
über **Format ⇒ Formatvorlage...** erreichen lassen.
Zunächst soll die Standard-Schrift gewechselt werden,
statt der vorgegebenen Times New Roman in 10 Punkt
z.B. die Courier New in 11 Punkt. Unter »Anzeigen«
wählen Sie, falls dies nicht schon eingestellt ist, »Benutzte Formatvorlagen« und im Fenster darüber markieren
Sie den Eintrag »Standard«. Über die Schaltfläche **Bearbeiten** gelangen Sie in das Dialogfeld »Formatvorlage
bearbeiten«. Hier aktivieren Sie die Option »Zur Dokumentvorlage hinzufügen« und wählen unter **Format**
die Rubrik **Zeichen.** Im Auswahlfeld »Schriftart« markieren Sie die Courier New und unter »Schriftgrad« die
»11« und bestätigen Ihre Auswahl mit OK. Mit einem
zweiten OK im Dialogfeld »Formatvorlage bearbeiten«
gelangen Sie in das Dialogfeld »Formatvorlage« zurück.
Die Courier New in 11 Punkt ist jetzt neue Standard-
Schrift. Unter »Beschreibung« können Sie es nachlesen.

5. Die erste neue Formatvorlage: »AkteurName«
Im nächsten Schritt soll nun eine *neue* Formatvorlage
erzeugt werden. Die Namen der Akteure sollen auf den
Seiten des Drehbuchs in halbfetten Großbuchstaben
zentriert stehen. Über die Schaltfläche **Neu** im Menü-
befehl **Format** ⇒ **Formatvorlage** gelangen Sie zum
Dialogfeld »Neue Formatvorlage«. Unter »Name« geben
Sie *AkteurName* ein. Im Feld »Basiert auf« lassen Sie die
Vorgabe »Standard« stehen. Der »Formatvorlagen-Typ«
ist »Absatz«. Interessant ist das Feld »Formatvorlage für
nächsten Absatz«. Beim jetzigen Stand der Dinge ist es
ratsam, hier »Standard« einzustellen. Wenn aber demnächst eine Formatvorlage »Dialog« erstellt ist, könnten
Sie auch »Dialog« als das Folge-Format für den nächsten
Absatz bestimmen, denn auf den Namen eines Akteurs
wird ja im Drehbuch meist das folgen, was dieser Akteur
zu sagen hat. Das Feld »Zur Dokumentvorlage hinzufügen« wird aktiviert, und unter **Format** ⇒ **Zeichen**
werden die nötigen Einstellungen vorgenommen: in der
Rubrik »Schriftschnitt« wird *Fett* markiert und unter
»Effekte« wird *Großbuchstaben* gewählt. Mit OK kehren
Sie zum Dialogfeld »Formatvorlage bearbeiten« zurück
und öffnen über **Format** ⇒ **Absatz** die Dialogfläche
für die Absatzformatierung. Hier wählen Sie unter
»Ausrichtung« *zentriert* und kehren mit doppeltem OK
in das Dialogfeld »Formatvorlage« zurück. In der Liste
der Formatvorlagen findet sich nun auch der Eintrag
AkteurName.

6. Die zweite Formatvorlage: »Aktion«
Sie ist für die Textteile bestimmt, die die Handlung er-
zählen und die Szenerie beschreiben. Sie sollen in kursiver Schrift – links bündig, rechts »flatternd« – die
gesamte Satzbreite einnehmen. Im Dialogfeld »Format-

vorlage« klicken Sie die Schaltfläche **Neu** an, geben unter »Name« *Aktion* ein, wählen unter »Formatvorlage für nächsten Absatz«: *Standard* und sorgen wieder dafür, daß die neuen Festlegungen der Dokumentvorlage hinzugefügt werden. Unter **Format ⇒ Zeichen** wählen Sie in der Rubrik »Schriftschnitt« *kursiv* und kehren über ein doppeltes OK zurück zum Dialogfeld »Formatvorlage«.

7. Die dritte Formatvorlage »Dialog« …
soll im Drehbuch in der Standardschrift erscheinen, aber mit deutlichem Einzug auf der rechten und linken Seite, so daß der Dialogtext optisch den zentrierten Namen der Akteure zugeordnet ist. (Die Einstellung *zentriert* eignet sich hierfür nicht, da dann jede einzelne Zeile zentriert wird und der Text rechts und links »flattert«.) Also führt der Weg erneut über **Neu** und das Namensfeld, in dem diesmal *Dialog* eingetragen wird, zur Bestimmung des nächsten Absatzformates: *Standard*. Auch diese Formatvorlage soll der Dokumentvorlage hinzugefügt werden, also ist das entsprechende Häkchen zu setzen. Diesmal sind nur unter **Format ⇒ Absatz** einige Festlegungen zu treffen: Einzug links und rechts jeweils 2,5 oder 3 cm. Außerdem läßt sich unter »Abstand« etwa die Distanz zwischen dem Akteurnamen und dem Dialog über den gewöhnlichen Zeilenabstand hinaus in Schritten von jeweils 6 Punkt erhöhen.

8. Eine Formatvorlage überarbeiten: »AkteurName«
Jetzt ist der Zeitpunkt gekommen, die Vorlage »AkteurName« zu überarbeiten. In der Liste im Dialogfeld »Formatvorlage« wird *AkteurName* markiert und dann die Schaltfläche **Bearbeiten** gedrückt. Im Feld »Formatvorlage für den nächsten Absatz« wird aus der langen alphabetisch sortierten Liste der von Word vorgegebenen und

der selbsterzeugten Vorlagen »Dialog« gewählt. Diese Änderung sorgt dafür, daß nach der Eingabe eines Akteurnamens automatisch als nächstes die Dialog-Formatierung aktiv wird. Wieder muß dafür gesorgt werden, daß sie in die Dokumentvorlage übernommen wird.

9. Eine Szenenüberschrift mit automatischer Numerierung
Zuletzt soll ein neuer Typ von Überschrift geschaffen werden, der sich von denen unterscheidet, die Word vorgibt (und die ihrerseits natürlich ebenfalls bearbeitet werden können). Zunächst folgt man dem bekannten Weg: über die Schaltfläche **Neu** und das Feld »Name«, in das etwa *SzenenÜberschrift* eingetragen werden könnte. Auch diese Formatvorlage basiert auf *Standard* und ist eine Absatz-Vorlage. Im Feld »Formatvorlage für den nächsten Absatz« könnten Sie »Standard« vorsehen oder auch »Aktion«, falls eine neue Szene in der Regel mit einer Beschreibung von Szenerie und Handlung beginnt. Und vergessen Sie nicht das Häkchen vor »Zur Dokumentvorlage hinzufügen«. Unter **Format ⇒ Zeichen** könnten Sie die Times New Roman in 14 Punkt und bei »Unterstreichung« *einfach* wählen, sodann unter **Format ⇒ Absatz** bei »Ausrichtung« *zentriert* und schließlich unter **Format ⇒ Numerierung** eine der Vorgaben, z.B. »1., 2., 3., …«. Mit dieser Numerierung holen Sie sich einen Automatismus in die Drehbuchvorlage, der dafür sorgt, daß alle als »SzenenÜberschrift« formatierten Absätze durchgehend numeriert werden. Wird eine Überschrift gestrichen oder eine andere irgendwo nachträglich eingefügt, wird die gesamte Numerierung den Veränderungen angepaßt. Das kann hilfreich sein. Abstellen, unterbrechen und modifizieren läßt sich die Zählautomatik unter **Format ⇒ Numerierung und Aufzählungen**.

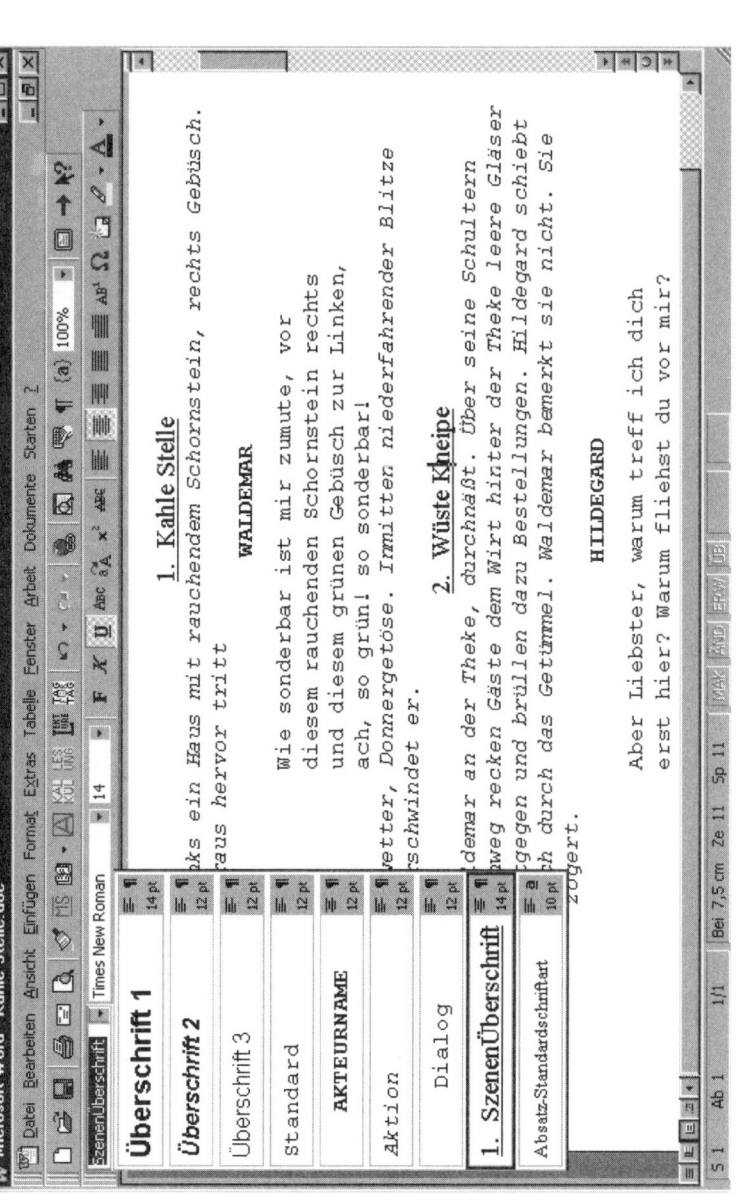

10. Die Dokumentvorlage verwenden

Drehbuch.dot ließe sich durch weitere Formatvorlagen ergänzen und, wie man an dem Beispieltext unschwer erkennt, durch Dreingabe von zusätzlichem Abstand (z.B. vor und hinter den »Aktion«-Absätzen) auch ästhetisch noch verfeinern. Doch genug des Nacherzählens im Einzelschrittverfahren! Die neu erstellte Dokumentvorlage wird geschlossen und steht von nun an im Hauptmenü unter **Datei ⇒ Neu...** auf der Registerkarte »Allgemein« zur Verfügung. Soll ein Text auf ihrer Grundlage entstehen, klickt man *Drehbuch.dot* in der Liste an, beläßt es in der Rubrik »Neu erstellen« bei der Option *Dokument* und bestätigt mit OK. Klickt man anschließend auf das Listenfeld in der Formatierungs-Symbolleiste, wo für gewöhnlich *Standard* zu lesen ist, so öffnet sich nach wenigen Augenblicken das Verzeichnis der verfügbaren Formatvorlagen. Aus diesem Verzeichnis lassen sich die verschiedenen Formate einem entstehenden Text besonders leicht zuweisen. Die Einfügemarke wird in den Absatz gestellt, der formatiert werden soll. Die Formatvorlagenliste wird geöffnet und die Formatierung mit einem Klick auf das Gewünschte vollzogen. Zusätzlicher Überblick über das Geschehen ist zu gewinnen, wenn man unter **Extras ⇒ Optionen ⇒ Ansicht** die Breite der »Formatvorlagenanzeige« von Null auf 2 oder 2,5 Zentimeter heraufsetzt.

Merk-Würdiges über Format- und Dokumentvorlagen

◆ Welche Dokumentvorlage einem Text zugrunde liegt, läßt sich jederzeit unter **Datei ⇒ Eigenschaften** am Fuß der Registerkarte **Datei-Info** ablesen.

◆ Es ist ohne weiteres möglich, während man auf der Grundlage einer Dokumentvorlage (sei es *dreh-*

buch.dot, normal.dot oder eine andere) an einem Text arbeitet, Änderungen an der Dokumentvorlage vorzunehmen, z.B. neue Formatvorlagen hinzuzufügen oder vorhandene Formatvorlagen zu bearbeiten. Immer führt der Weg über **Format ⇒ Formatvorlage**.

♦ Änderungen an einer vorhandenen Formatvorlage wirken sich sofort auf alle Stellen im aktuellen Text aus, denen diese Vorlage schon zugeordnet wurde! Wenn bei einer solchen Änderung die in unserem Beispiel schon vielfach erwähnte Option »Zur Dokumentvorlage hinzufügen« *nicht* aktiviert wird, bleibt die Änderung auf den aktuellen Text beschränkt. Die Formatvorlagen in ihrer abgewandelten Form werden mit dem Text gespeichert. Wenn die »Hinzufügen«-Option aktiviert wird, werden alle Änderungen auch in der Dokumentvorlage gespeichert und wirken sich damit auf alle Dokumente aus, die *künftig* auf der Basis dieser Vorlage erstellt werden. Sie wirken sich aber nicht nachträglich auf Dokumente aus, die vor der Änderung mit ihr erstellt wurden.

♦ Änderungen in Vorlagen, die anderen Formatvorlagen als Basis dienen, wirken sich auf diese anderen aus. Wenn z.B. in *drehbuch.dot* die Standard-Schrift in Garamond verändert wird, ändert sich die Schrift in allen auf »Standard« basierenden Formatvorlagen. In unserem Beispiel wären dies alle Formatvorlagen außer »SzeneÜberschrift«, für die nach meinem Vorschlag die Times New Roman gewählt wurde.

♦ Formatvorlagen, die in einer bestimmten Dokumentvorlage erstellt wurden, lassen sich in andere Dokumentvorlagen übertragen. Zur »Verwaltung« der Formatvorlagen, zum Kopieren, Löschen und Umbenennen dient ein Doppelfenster, dessen man unter

Format ⇒ **Formatvorlagen** ⇒ **Organisieren** an-
sichtig wird. Links werden die Formatvorlagen des
aktuellen Dokuments angezeigt, rechts die Formatvorlagen von *normal.dot*. Zwischen diesen Fenstern
läßt sich in beiden Richtungen kopieren. Der Ausgangspunkt wird durch Anklicken einer Formatvorlage bestimmt, der Doppelpfeil vor »Kopieren« weist
die Richtung. Hier ließe sich z.B. die Vorlage »Dialog« aus *drehbuch.dot*, wenn dies sinnvoll wäre, in die
Globalvorlage *normal.dot* kopieren, so daß sie in Zukunft allen auf der Basis von *normal.dot* erstellten Texten (und Dokumentvorlagen) unmittelbar zur Verfügung stände.

◆ In den beiden Fenstern des Dialogfeldes **Organisieren** lassen sich die Formatvorlagen nicht nur des jeweils aktuellen Dokuments und der allgegenwärtigen
normal.dot-Vorlage, sondern beliebiger Dokumente
und Dokumentvorlagen anzeigen. Nach einem Klick
auf die Schaltfläche »Datei schließen«, die sich in
doppelter Ausfertigung unter jedem Fenster befindet,
verwandelt sich die Aufschrift in »Datei öffnen«, und
ein nochmaliger Klick bringt das »Öffnen«-Fenster
auf den Bildschirm, wo als »Dateityp« zunächst *Dokumentvorlagen (*.dot)* eingestellt ist. Angezeigt wird das
Verzeichnis, in dem Word die verschiedenen Dokumentvorlagen ablegt, z.B. »C:\Programme\Microsoft
Office\Vorlagen«. Texte, denen etwa spezifisch veränderte Formatvorlagen zugeordnet wurden oder zugeordnet werden sollen, lassen sich hier ebenfalls aufsuchen: Dazu stellt man in der Zeile »Dateityp« *Word-
Dokumente(*.doc)* ein und wandert dann den Weg
durch die Ordner- oder Verzeichnisstruktur bis zu
dem Verzeichnis für die Word-Dokumente (z.B.
C:\Eigene Dateien).

◆ Was sich, wenn ich recht sehe, mit einer Formatvorlage *nicht* machen läßt: innerhalb eines Absatzes kann man mit ihr nicht verschiedene Zeichenformate zuweisen. Bei einer Literaturangabe wäre es z.b. nützlich, auf einen Schlag den Titel kursiv, alles andere in gewöhnlicher Schrift zu formatieren. In die Nähe einer solchen Leistung reicht allerdings die unter **Extras ⇒ AutoKorrektur ⇒ AutoFormat während der Eingabe** gegebene Möglichkeit, Textteile, die beim Schreiben mit Unterstrichen (_) bzw. Sternchen (*) eingeschlossen werden, auf der Stelle in *Kursiv* bzw. in **Fett** zu formatieren. Das funktioniert aus guten Gründen nur innerhalb eines Absatzes.

◆ Verschiedenen Dokumentvorlagen lassen sich spezifische Makros und Textbaustein-Sammlungen und selbstgebaute Symbolleisten zuordnen dergestalt, daß für unterschiedliche Arten von Texten und Arbeiten unterschiedliche »Werkzeuge« besonders leicht erreichbar sind. Ob das sinnvoll ist und ob es die Mühe lohnt, wird jeder für sich entscheiden müssen. Es ist dann auf jene unauffälligen Auswahlfelder zu achten, in denen über die Verfügbarkeit von Makros, Autotext und Symbolleisten verfügt werden kann. Die Standardeinstellungen von Word sorgen allerdings dafür, daß Textbausteine, Symbolleisten und Makros der Dokumentvorlage *normal.dot* zugeordnet werden und auf diese Weise in allen Dokumenten und Dokumentvorlagen, die auf *normal.dot* beruhen, ebenfalls zur Verfügung stehen.

Die Gliederungsfunktion

– bietet eine nützliche Möglichkeit, größere Texte zu konzipieren und zu strukturieren. Sie kann helfen, den Überblick über wachsende Texte zu bewahren, und erlaubt es außerdem, während des Schreibens und beim Überarbeiten größere oder kleinere Abschnitte und ganze Kapitel innerhalb eines Textes umzustellen. Die Voraussetzung für alles dieses: Bei der Strukturierung des Textes mit Haupt- und Zwischenüberschriften müssen die von Word vorgegebenen Formatvorlagen für Überschriften verwendet werden.

Word hält solche Vorlagen für Überschriften in neun unterschiedlichen Ebenen bereit. Jeder dieser Ebenen ist eine bestimmte Schrift in einer bestimmten Formatierung zugeordnet, z.B. den Überschriften der Ebene 1 die Arial in 14 Punkt fett, der Überschrift 2 die Arial in 12 Punkt fett und kursiv usw. Diese Vorgaben werden unter typografischem Aspekt nicht jedem zusagen, sie lassen sich aber verändern. Man kann diese vorgegebenen Überschrift-Formatvorlagen, anders als selbst erzeugte Vorlagen, zwar nicht löschen. Das Grundgerüst der neun Ebenen ist ein fester Bestandteil von Word. Die Überschriften lassen sich jedoch unter **Format** ⇒ **Formatvorlage** bearbeiten (vgl. dazu S. 185 u. 187) und in ein anderes Schriftgewand kleiden.

Die Gliederungsfunktion erreicht man im Hauptmenü über **Ansicht** ⇒ **Gliederung** oder über die Schaltfläche »Gliederungsansicht« auf der horizontalen Bildlaufleiste am unteren Rand des Bildschirms. Es erscheint dann eine Symbolleiste, deren einzelne Schalter hier (von links nach rechts) kurz erläutert werden sollen.

Die Symbolleiste »Gliederung«

◆ Mit einem Klick auf den nach links bzw. nach rechts gerichteten Pfeil wird gewöhnlicher Text in Überschrifttext verwandelt. Eine bereits vorhandene, markierte Überschrift (oder eine markierte Gruppe von Überschriften) wird um eine Ebene höher bzw. tiefer gestuft.

◆ Der nach rechts gerichtete Doppelpfeil verwandelt Überschrifttext in gewöhnlichen (Standard-)Text zurück.

◆ Mit einem Klick auf die aufwärts bzw. abwärts gerichteten Pfeile wird der Absatz, in dem die Einfügemarke steht, um einen Absatz nach oben oder unten gerückt. Wenn eine oder mehrere Überschriften und der dazu gehörige Text markiert sind, wird der gesamte markierte Bereich verrückt.

◆ Ein Klick auf Plus oder Minus erweitert oder verringert *für den Abschnitt, in dem der Cursor plaziert ist*, die Zahl der Überschriftebenen, die am Bildschirm angezeigt werden.

◆ Ein Klick auf die mit Zahlen versehenen Schaltflächen bestimmt *für den gesamten Text*, bis zu welcher Ebene Überschriften am Bildschirm dargestellt werden.

◆ Mit der Schaltfläche »Alle« werden alle vorhandenen Überschriftebenen eingeblendet, außerdem auch der gesamte Text. Mit nochmaligem Klick auf »Alle« wird der Text wieder ausgeblendet: sämtliche Überschriften bleiben sichtbar.

◆ Die Schaltfläche mit den beiden Doppellinien in schwarz und grau ermöglicht es, in eine Darstellung zu wechseln, bei der außer den Überschriften von jedem Absatz im Text nur jeweils die erste Zeile angezeigt wird.

- Mit dem Doppel-A-Schalter wechselt man zu einer Platz sparenden Darstellung der Gliederung, bei der die Formatierung der verschiedenen Überschriften ignoriert und alles in Standardschrift angezeigt wird.
- Die letzte Schaltfläche bildet den Übergang in die »Zentraldokumentansicht«.[17]

In der Gliederungsansicht weist ein Pluszeichen vor einer Überschrift darauf hin, daß unterhalb dieser Ebene noch etwas kommt, eine Überschrift niedrigeren Grades oder gewöhnlicher Text. Ein Minuszeichen vor einer Überschrift signalisiert, daß an dieser Stelle die unterste Ebene der Hierarchie erreicht ist. Ein kleines Quadrat symbolisiert einen Absatz in gewöhnlichem Text.

Textumbau in der Gliederungsansicht

Plus-, Minus und Quadratsymbol taugen auch als »Griffe«, an denen die Überschriften und die zu ihnen gehörigen Texte mit der Maus aufgenommen und verschoben werden können. Mit einem Klick auf eines dieser Symbole wird die zugehörige Überschrift samt allen untergeordneten Überschriften und Textteilen markiert. Gleichzeitig verwandelt sich der Mauszeiger in einen Vierfachpfeil: Verschiebungen sind jetzt möglich:

- Markierte Elemente lassen sich innerhalb des Textes jeweils um einen oder mehrere Absätze *nach oben oder unten* verschieben, wobei eine horizontale Linie bei der Plazierung hilft. Auch wenn der Text ausgeblendet ist, wird der den Überschriften zugeordnete Text mit verschoben. Man kann also in der Gliederungs-

[17] Für alle diese Befehle gibt es auch Tastenkombinationen: sie lassen sich in den QuickInfo-Feldern mitanzeigen, wenn man unter **Extras** ⇒ **Anpassen** ⇒ **Optionen** »Tastenkombination in QuickInfo anzeigen« aktiviert.

ansicht Umbauten mit großen Textkomplexen vornehmen, indem man scheinbar nur ihre Überschriften umstellt.

♦ Verschiebungen *nach rechts und links* verrücken die markierten Elemente in der Hierarchie der Überschriftebenen. Ablesbar ist dies an der Größe des Einzugs. Hier hilft eine senkrechte Linie bei der Plazierung.

Diese Maus-Techniken sind so gewöhnungsbedürftig wie andere »Drag&Drop«-Operationen auch. Aber nach einigen Exerzitien könnte sich herausstellen, daß sie beim Hantieren mit größeren Textbrocken so hilfreich sind wie das »Ziehen und Fallenlassen« beim Umstellen von Wörtern und Sätzen.

Die Gliederungsansicht hilft auch bei der raschen und gezielten Fortbewegung in umfangreichen Texten: statt die Schriftrolle am Bildschirm ablaufen zu lassen oder mit der Bildlaufleiste darin herumzusuchen, schaltet man in die Gliederungsansicht (ohne Text), setzt die Einfügemarke in die Überschrift des angezielten Abschnitts und schaltet zurück in die Normalansicht.

Die Dokumentstruktur

Eleganter kann man sich in einem gegliederten Text mit Hilfe der »Dokumentstruktur«-Ansicht (erreichbar im Menü **Ansicht**) orientieren und bewegen. Am linken Bildschirmrand erscheint in einem zweiten Fenster, dessen Breite mit der Maus verändert werden kann, ein Inhaltsverzeichnis, in dem sich der Nutzer mit einer gesonderten Bildlaufleiste bewegen kann: der Klick auf eine Überschrift in der Inhaltsspalte bringt die entsprechende Textpassage ins Hauptfenster. In einem Kontextmenü, das sich mit einem Rechts-Klick auf die Inhaltsspalte öffnet, kann man, ähnlich wie bei der Gliede-

rungsfunktion, festlegen, welche Überschriften eingeblendet werden sollen.

6. Word umbauen und erweitern

Niemand braucht sich mit den Anordnungen abzufin-
den, die Word nach seiner Installation auf dem elektronischen Schreibtisch trifft. Das Programm bietet dem
Schreibenden weitreichende Möglichkeiten, sich eine
eigene Ordnung zu schaffen. Die Hauptmenüleiste
kann man durch neue Rolladenmenüs ergänzen, die
vorhandenen Menüs umbauen oder durch zusätzliche
Befehle ergänzen. Für häufig benötigte Funktionen,
Befehle, Sonderzeichen kann man besonders schnell
ausführbare Tastenkombinationen vorsehen. Die Symbolleisten, auf denen Word eine durchaus nicht in jedem
Punkt überzeugende Auswahl von Funktionen und Befehlen in Gestalt von grafischen Schaltflächen dem einfachen Mausklick erreichbar macht, sind ohne viel Umstände zu verändern. Schaltflächen für Befehle, die man
nie oder selten verwendet, lassen sich entfernen, andere,
brauchbarere lassen sich hinzufügen. Verloren geht bei
alledem nichts[18] und gewinnen läßt sich viel: eine »Umgebung«, die dem eigenen Arbeitsstil und den eigenen
Wünschen und Vorstellungen zumindest eher entspricht
als das, was Word in seinen Standardeinstellungen vor-
sieht. Hier zunächst in kurzen Worten die grundsätzli-
chen Verfahren zur Abwandlung von Symbolleisten und
Menüs und zur Vergabe von Tastenkombinationen.

[18] Die Funktionen, die sich nach einem Umbau nicht mehr über eine grafische
Schaltfläche direkt aktivieren lassen, sind im Hauptmenü nach wie vor erreichbar, und
entsorgte Schaltflächen lassen sich jederzeit restaurieren.

Das Vorgehen überhaupt

Symbolleisten und Menüs verändern

Im Hauptmenü wählt man **Extras** ⇒ **Anpassen** und dann die Registerkarte **Befehle**. Es erscheint ein in zwei Ausschnitte geteiltes Dialogfeld, links die »Kategorien«, rechts die Liste der »Befehle«, die in die jeweils aktuelle »Kategorie« gehören. Wählt man links z.b. die Kategorie **Bearbeiten** und wandert anschließend in der rechts erscheinenden Liste mit dem Bildschieber ein wenig nach unten, so taucht die Schaltfläche mit dem Befehl **Suchen** auf. Nach einem Klick kann man sie bei gedrückter linker Maustaste mitnehmen, in einer der Symbolleisten, z.b. neben das Zoom-Feld mit der Prozentzahl, ablegen. Anschließend drückt man die Schaltfläche **Schließen** im Dialogfeld **Anpassen** und hat schon eine erste sinnvolle Anpassung vorgenommen.

Sobald der Mauszeiger beim Transport einer ausgewählten Schaltfläche eine Symbolleiste erreicht, erscheint ein senkrechter schwarzer Balken, der anzeigt, wo die Schaltfläche landet, wenn man die Maustaste in diesem Augenblick losläßt. Will man die Plazierung noch einmal ändern, ergreift man die Schaltfläche wieder mit der Maus und zieht sie an eine andere Stelle auf einer Symbolleiste.

Will man eine Schaltfläche, die man ergriffen, umhergeschoben oder schon plaziert hat, wieder loswerden, so zieht man sie in die Schreibfläche des Word-Bildschirms und läßt die Maustaste los. Auf die gleiche Weise lassen sich auch Schaltflächen, die zur Standardausstattung des Word-Bildschirms gehören oder die man selbst einmal installiert hat, aus einer Symbolleiste wieder entfernen. Voraussetzung ist nur, daß man mit **Ex-**

tras ⇒ **Anpassen** in den Modus der Modifizierbarkeit
umschaltet. Auf immer verloren geht bei solchen Modifikationen nichts. Der Befehlsvorrat im Dialogfeld **Extras** ⇒ **Anpassen** bleibt intakt. Befehle aus diesem Vorrat lassen sich auch auf die Menüleiste (*Datei, Bearbeiten,
Ansicht* usw.) ziehen. Es öffnet sich das jeweils berührte
Rolladen-Menü, und ein waagerechter schwarzer Balken hilft, die Position des neuen Befehls zwischen den
schon verzeichneten festzulegen.

Neue Symbolleisten und Menüs erzeugen

Die vorhandenen Symbolleisten und die Rollos im
Hauptmenü lassen sich nicht nur modifizieren. Der Benutzer kann auch eigene Symbolleisten und Rolladen-
oder Pulldown-Menüs zusammenstellen.

Eine neue Symbolleiste wird auf dem Weg **Extras**
⇒ **Anpassen** ⇒ **Symbolleisten** ⇒ **Neu** erzeugt. In
einem Dialogfeld kann man ihr einen aussagekräftigen
Namen verleihen und muß außerdem bestimmen, mit
welchem Dokument oder in welcher Dokumentvorlage
die neue Leiste gespeichert werden soll. Entscheidet
man sich für die vorgeschlagene Elementarvorlage *nor-
mal.dot,* ist die neue Leiste in allen Dokumenten, die auf
ihrer Basis (vgl. S. 182 ff.) erstellt werden, erreichbar.
Nach der Bestätigung durch OK erscheint eine kleine
Fläche mit Titelleiste und einem »Schließen«-Schalter,
die man nun nach dem oben beschriebenen Verfahren
aus der Registerkarte **Befehle** mit den erwünschten
Symbolflächen für Befehle und Funktionen ausstatten
kann. Nach dem Schließen des Anpassen-Dialogs steht
die neue Leiste frei in der Schreibfläche. Schiebt man sie
zu den vorhandenen Symbolleisten am oberen Bildschirmrand, verbindet sie sich mit diesen. Lösen läßt sich

diese Verbindung durch einen Doppelklick auf eine freie Stelle der Symbolleiste.

Ein neues Menü wird unter **Extras** ⇒ **Anpassen** ⇒ **Befehle** erzeugt. Im **linken** Fenster *Kategorien* wählt man die letzte: *Neues Menü* und zieht die Wörter »Neues Menü« aus dem **rechten** Befehle-Feld in die Menüleiste, z.b. neben das Fragezeichen des Hilfe-Menüs. Der neue Eintrag behält einen schwarzen, Veränderbarkeit und Vorläufigkeit anzeigenden Rahmen, bis man die Aktion mit einem Klick auf **Schließen** im Dialogfeld **Anpassen** beendet. Vorher sollte man »Neues Menü« aber noch mit einem sinnvollen Namen bedenken. Dazu klickt man mit der *rechten* Maustaste in den schwarzen Rahmen und gibt in der Namenszeile des Kontextmenüs, das sich nun öffnet, etwas Einleuchtendes ein. Ein solchermaßen neu installiertes Menü läßt sich nun, wie oben beschrieben, aus dem **Befehle**-Archiv des Dialogfensters **Extras** ⇒ **Anpassen** durch Heranführen von Befehlszeilen mittels der Maus bestücken. Beim Plazieren hilft eine schwarze Linie. Sie ist besonders nützlich, wenn es darum geht, den ersten Befehl in einem neuen Menü unterzubringen. Man achte darauf, daß sie beim »Loslassen« nicht links oder rechts neben dem Menüfeld steht, sondern tatsächlich in dem kleinen, noch leeren Feld, das sich nach unten öffnet.

Alle diese Aktionen und Veränderungen lassen sich sofort oder später wieder rückgängig machen oder ihrerseits modifizieren. Wie schon gesagt, sobald und solange die Funktion **Extras** ⇒ **Anpassen** aktiviert ist, sind die Symbolleisten und die Menüleiste form- und veränderbar: Schaltflächen lassen sich an eine andere Stelle bugsieren, Menüeinträge einem anderen Menü zuordnen, veränderte Symbolleisten lassen sich mit **Zurücksetzen** wieder in ihre ursprüngliche, von den

Word-Programmierern vorgesehene Gestalt bringen, und zuvor installierte Schaltflächen oder Menüeinträge lassen sich dadurch zum Verschwinden bringen, daß man sie mit gedrückter linker Maustaste in die Schreibfläche zieht und dort versenkt. In dem Kontextmenü, das sich öffnet, wenn man im **Anpassen**-Modus ein Symbol oder eine Menüzeile mit der rechten Maustaste anklickt, lassen sich das Erscheinungsbild und die Benennung von vorgegebenen und selbst installierten Schaltflächen und Menüeinträgen jederzeit wieder verändern.

Tastenkombinationen

– sind eine praktische Möglichkeit, weite Mauswege durch Menüs und über Dialogfelder abzukürzen. Merken muß man sie sich allerdings, wenn man sie nutzen will, und das gelingt am ehesten, wenn die »Abkürzungswege« oder *shortcuts* tatsächlich wie Abkürzungen funktionieren. In Word sind schon zahlreiche Tastenkombinationen vorgesehen (vgl. S. 228 ff.) – für Befehle, Funktionen, Formatierungen, Sonderzeichen. Aber dabei muß es nicht bleiben. Wer spezielle Sonderzeichen, entlegene Funktionen oder Befehle, bestimmte Makros (vgl. S. 214 ff.) häufig braucht, der kann sie sich mit Hilfe selbstdefinierter Tastenkombinationen schnell erreichbar machen.

Ein solcher Shortcut muß stets mit Strg oder Alt oder Strg+Alt (= AltGr) beginnen, gefolgt von einem frei wählbaren weiteren Zeichen. Wählt man eine Tastenkombination, die von Word schon »belegt« ist, so erscheint ein Hinweis auf die aktuelle Verwendung. Man hat nun die Wahl, die bisherige Belegung zu löschen und die Tastenkombination neu zu definieren oder aber,

was zunächst vielleicht ratsam ist, eine andere Tastenkombination zu wählen, die noch nicht belegt ist.

An verschiedenen Stellen innerhalb von Word lassen
sich neue Tastenkombinationen oder Shortcuts definieren.

Unter **Einfügen** ⇒ **Sonderzeichen** habe ich mir
für die Arbeit an diesem Buch den Pfeil (⇒) verfügbar
gemacht. Gefunden habe ich ihn in der Zeichentabelle
nicht unter »normaler Text«, sondern unter »Symbol«.
Ich habe das gewünschte Zeichen in der Tabelle markiert, dann die Schaltfläche **Shortcut** gedrückt und unter »Neuen Shortcut drücken« habe ich die, wie sich
herausstellte, unbelegte Tastenkombination Alt + Pfeil/
rechts gewählt und mit **Zuordnen** und **Schließen** festgelegt.

Eine zentrale Stelle für die Definition neuer Tastenkombinationen zu ausgewählten Befehlen und Funktionen erreicht man unter **Extras** ⇒ **Anpassen** ⇒ **Tastatur**. Auch hier dienen die schon beschriebenen Fenster
»Kategorien« und »Befehle« der Auswahl eines Befehls,
dem dann unter »Neuen Shortcut drücken« eine Tastenkombination zugeordnet werden kann. In diesem Dialogfeld läßt sich eine zugewiesene Tastenkombination
auch wieder löschen. Im Fenster »Aktuelle Shortcuts«
wird sie markiert und mit **Entfernen** zum Verschwinden gebracht.

Änderungen an den Symbolleisten oder in den
Menüs und selbstdefinierte Tastenkombinationen werden von Word in der allgemeinen Dokumentvorlage
normal.dot gespeichert (sofern vor dem Schließen von
Extras ⇒ **Anpassen** am Fuß des Dialogfeldes neben
Speichern in: nichts anderes eingestellt wird) und stehen
von nun an in allen auf der Basis von *normal.dot* erstellten Texten zur Verfügung.

Vorschläge zum Umbau der Symbolleisten

In Worte gefaßt, wirkt der Weg zur freien Gestaltung der Arbeitsumgebung unter Word komplizierter, als er in der Maus-Wirklichkeit ist. Ich rate zum Ausprobieren. Die Zeit, die es kostet, sich mit den Möglichkeiten und Verfahren zur Anpassung der Symbolleisten und Menüs vertraut zu machen und ein bißchen Übung zu erlangen, ist gut angewendet.

Aber was fängt man mit der neu gewonnenen Freiheit nachher an? Was soll man verändern an dieser »Benutzeroberfläche«, die auf den ersten Blick so perfekt und wohl durchdacht anmutet? Hier folgen ein paar Vorschläge, die vielleicht auch anderen Schreibenden erwägenswert erscheinen könnten.

Die Standardsymbolleiste

In Klammern ist jeweils die Kategorie verzeichnet, in der die genannten Befehle unter **Extras** ⇒ **Anpassen** auf der Registerkarte **Befehle** zu finden und abzuholen sind.

Ganzer Bildschirm (Ansicht), wie auf S. 163 f. beschrieben. Nach der Verankerung dieses Befehls in der Symbolleiste erscheint zunächst eine Textschaltfläche »Ganzer Bildschirm«. Ein Bildschirm-Symbol läßt sich nach einem Rechts-Klick im Kontextmenü durch Auswahl von »Standard« aktivieren.

Suchen (Bearbeiten). Es ist schwer begreiflich, daß die Word-Konstrukteure diesen wichtigen, von den meisten Nutzern häufig genutzten Befehl nicht direkt über ein Symbol zugänglich gemacht und statt dessen Funktionen wie **Spalten** und **Excel-Tabelle**

einfügen in den Vordergrund geschoben haben, die von vielen selten oder nie verwendet werden.

Gehe Zu (Bearbeiten). Diese Funktion ermöglicht es, bestimmte Seiten, Abschnitte, Zeilen, Fußnoten, Überschriften und verschiedene andere Textelemente direkt anzuspringen – ein nützlicher Befehl, vor allem, wenn er leicht erreichbar ist.[19]

Umschläge und Etiketten (Extras). Ein beim Briefeschreiben sehr willkommener Befehl: das Absenderfeld »merkt sich« die Absenderadresse, die man unter **Extras ⇒ Optionen** auf der Registerkarte *Benutzer-Info* eingetragen hat, und der in Word an manchen Stellen störend herumgeisternde »IntelliSense« (siehe S. 146 f.) erkennt meistens in dem gerade am Bildschirm befindlichen Brief die Empfängeradresse und schreibt sie in das entsprechende Feld. Unter **Optionen** stellt man noch das verwendete Umschlagformat ein und läßt nach dem Brief gleich den zugehörigen Umschlag drucken. Ein guter Platz für das Briefsymbol ist der neben dem Druckersymbol auf der Standardsymbolleiste.

AutoText einfügen (Einfügen). Wer häufiger mit »AutoText« (vgl. S. 170 ff.) arbeitet, kann mit dieser Schaltfläche die Erstellung neuer Textbausteine beschleunigen.

---

[19] Wem das Pfeilsymbol zu mickrig und unauffällig ist, der kann auch das grafische Erscheinungsbild dieser (und aller anderen Schaltflächen) unter seine Kontrolle bringen: zunächst unter **Extras ⇒ Anpassen ⇒ Befehle** die Schaltfläche mit dem Mickerpfeil in die Symbolleiste einfügen, dann (während die schwarze Umrandung noch Gestaltbarkeit signalisiert) mit der rechten Maustaste anklicken und in dem sich öffnenden Kontextmenü die Option *Schaltflächensymbol bearbeiten* wählen. Nun öffnet sich der Schaltflächen-Editor, mit dessen Hilfe man dem Pfeil ein kräftigeres Aussehen verleihen oder dem Befehl **Gehe Zu** ein selbstgeschaffenes »Ikon« zuweisen kann. Wer mit der eigenen Artistik unzufrieden ist und zum Vorgefertigten zurückkehren will, wählt im Kontextmenü *Schaltflächensymbol zurücksetzen*.

Die Formatsymbolleiste

Kapitälchen (Format) sind manchem vielleicht als weitere Schriftvariante neben fett und kursiv willkommen.

Großbuchstaben (Format). Diese Funktion verwandelt alle markierten Buchstaben, ob groß oder klein, in Großbuchstaben (läßt aber Zahlen und andere Zeichen unbehelligt). Bei nochmaliger Betätigung der Schaltfläche wird der markierte Text wieder in die ursprüngliche Groß- und Kleinschreibung zurückverwandelt.

Hochgestellt (Format).

Durchgestrichen (Format). Dieses Format bietet eine unaufwendige, optisch plausible Möglichkeit, Veränderungen an einem Text sichtbar zu erhalten. Mehr dazu auf S. 81 f.

Fußnote (Einfügen). Wer gelegentlich Texte mit Fußnoten versieht, wird es als Erleichterung empfinden, diesen Befehl im Vordergrund zu haben, statt über **Einfügen** ⇒ **Fußnote** erst nach ihm zu graben, und wer häufig mit Fußnoten arbeitet, wird sich vielleicht sogar die einschlägige Tastenkombination merken wollen: Strg+Alt+F. Die speziellen Optionen für die Gestaltung von Fußnoten sind allerdings nur über das Menü **Einfügen** ⇒ **Fußnote** zu erreichen.

Sonderzeichen einfügen (Einfügen). Der kurze Weg zu den verfügbaren Zeichen- und Schriftentabellen. Spezialzeichen finden sich vor allem auf den Tafeln »Symbol« und »Wingdings«.

Diese Knöpfe können rollen

Woher den Platz auf den Symbolleisten nehmen, um neue Schaltflächen zu installieren? Hier einige Knöpfe, deren Entfernung zugunsten anderer, nützlicherer Funktionen mir sinnvoll scheint. In Klammern ist angegeben, wie sich die jeweiligen Funktionen auch aktivieren lassen, nachdem man die Schaltfläche zum Verschwinden gebracht hat.

Rechtschreibung (Extras ⇒ Rechtschreibung oder F7). So gut ist die automatische Korrektur nun wirklich nicht, daß sie allgegenwärtig sein müßte (vgl. S. 144 f.).

Wer die folgenden drei Elementarbefehle, die nicht nur in Word, sondern in fast allen Windows-Programmen gebräuchlich sind, ohnehin auf dem schnelleren Weg über die Tastatur aufruft, kann die zugehörigen Schaltflächen getrost löschen.

Ausschneiden (Bearbeiten ⇒ Auschneiden oder Strg+X).
Kopieren (Bearbeiten ⇒ Kopieren oder Strg+C).
Einfügen (Bearbeiten ⇒ Einfügen oder Strg+V).

Zeichnen (Ansicht ⇒ Symbolleisten ⇒ Zeichnen) Mit dieser Schaltfläche wird die Symbolleiste Zeichnen eingeschaltet, die sich, wenn benötigt, wie alle anderen speziellen Symbolleisten über das Menü **Ansicht** an den Bildschirm holen läßt.

Wer es selten oder nie mit Tabellen zu tun hat, kann die folgenden Schaltflächen gegen häufiger verwendete Funktionen tauschen:

Tabelle zeichnen (Tabelle ⇒ Tabelle zeichnen).
Tabelle einfügen (Tabelle ⇒ Tabelle einfügen).

Excel-Tabelle einfügen. Eine ganze Symbolleiste mit erweiterten Werkzeugen zur Erstellung von Tabellen steht unter **Ansicht** ⇒ **Symbolleisten** ⇒ **Tabellen und Rahmen** zur Verfügung. In diese Symbolleiste könnte man die Schaltfläche **Excel-Tabelle einfügen** verschieben.

Auch in der Format-Symbolleiste gibt es einige Schaltflächen, auf die sich zugunsten anderer verzichten läßt, wenn sie nur selten verwendet werden:

Numerierung (Format ⇒ Numerierung und Aufzählung).

Aufzählungszeichen (Format ⇒ Numerierung und Aufzählung).

Einzug vergrößern bzw. **verkleinern** (Format ⇒ Absatz ⇒ Einzüge und Abstände oder Strg+M bzw. Strg+Umschalt+M).

Rahmen zeichnen (Format ⇒ Rahmen und Schattierung).

Einige Modifikationen der Menüleiste

Den Befehl »Alles schließen« aktivieren

Wer häufig gleichzeitig mit mehreren Dateien am Bildschirm arbeitet, wird es vielleicht als hilfreich empfinden, daß Word neben dem Befehl **Schließen**, der sich nur auf das jeweils im Vordergrund befindliche Dokument auswirkt, auch einen Befehl **Alles schließen** enthält. Er bewirkt, daß sämtliche geöffneten Dateien geschlossen werden. Wie beim Befehl **Schließen** fragt Word auch hier bei jeder etwa veränderten Datei, ob die Änderungen gespeichert werden sollen. Der Befehl **Al-**

les Schließen läßt sich nach dem oben beschriebenen Verfahren zur Anpassung der Menüleiste unter **Extras** ⇒ **Anpassen** ⇒ **Befehle** in der Kategorie **Datei** abholen und mit gedrückter linker Maustaste auf das Menü **Datei** ziehen und dort z.B. unterhalb des Befehls **Schließen** plazieren.

Die Funktion »Rechnen im Text« ausgraben und reaktivieren

In der Einleitung wurde schon darauf hingewiesen – es gab in frühen Versionen von Word die Möglichkeit, einfache Berechnungen direkt innerhalb eines Textes auszuführen. In späteren Versionen verschwand diese Funktion aus den Befehlsmenüs und den Handbüchern. Aber tief im Inneren von Word blieb sie erhalten und ist heute noch so nützlich wie vor zehn Jahren. Man findet sie unter **Extras** ⇒ **Anpassen** ⇒ **Befehle**, Kategorie **Extras** (in Winword 6.0 in der Kategorie **Alle Befehle**) unter dem Stichwort **Extras Berechnen**. Ein geeigneter Platz für sie ist das Menü **Extras**, etwa unter Auto-Korrektur oder als letzter Eintrag.

Da die Word-Hilfe diese Funktion nicht dokumentiert, hier auch gleich die Gebrauchsanleitung:

Man markiert die Zahlen und Operatoren, mit denen gerechnet werden soll, und klickt anschließend auf den Befehl **Extras Berechnen** (nach meinem Vorschlag: im Menü **Extras**). Das Ergebnis der Berechnung erscheint für kurze Zeit in der Statuszeile am unteren Bildschirmrand und wird in der Zwischenablage deponiert. Von dort läßt es sich mit Strg+V an eine beliebige Stelle im Text kopieren.

Operator	Rechenart	Beispiel	Resultat
+	Addieren	2+5	7
- oder ()	Subtrahieren	56-34	22
		56(34)	22
*	Multiplizieren	7*3	21
/	Dividieren	60/12	5
%	Prozent	200*7%	14
^	Potenzieren	8^3	512[20]
^(1/2)	Quadratwurzel	100^(1/2)	10
^(1/3)	Kubische Wurzel	27^(1/3)	3

Wie im wirklichen Leben geht Punkt- vor Strichrechnung, aber durch Klammern läßt sich diese Priorität umkehren. Einzelne eingeklammerte Zahlen werden als negativ gedeutet (siehe das Beispiel bei der Subtraktion). Fehlt der Operator, so wird addiert. Berechnungen lassen sich zeilen- und spaltenweise anstellen. In diesem Zusammenhang ist die Möglichkeit der *Spaltenmarkierung* besonders wichtig: den Cursor in einer Ecke der zu markierenden Spalte plazieren und bei gedrückter Alt-Taste mit der gedrückten linken Maustaste den Zeiger auf einer imaginären Diagonalen ziehen, also z.B. von oben rechts in die untere linke Ecke. (Oder mit der Tastatur: Umschalt+Strg+F8; die weitere Steuerung erfolgt dann mit den Pfeiltasten, der Ausstieg aus dem Modus Spaltenmarkierung durch Esc oder nochmaliges Eingeben von Umschalt+Strg+F8.)

Das verborgene Menü »Schrift«

Auf der Registerkarte **Extras** ⇒ **Anpassen** ⇒ **Befeh-**

[20] Wenn das Dach- oder Circonflex-Zeichen bei der Betätigung der entsprechend bezeichneten Taste (wahrscheinlich links oben, vor der >1<) nicht am Bildschirm erscheint, zusätzlich die Leertaste drücken.

le findet man unter der Kategorie »Eingebaute Menüs« im Verzeichnis der Befehle neben den guten Bekannten aus der Menüleiste (Datei, Bearbeiten usw.) auch zwei unbekannte Menüs: **Schrift** und **Arbeit**. Nachdem man **Schrift** mit gedrückter linker Maustaste in der beschriebenen Weise in die Menüleiste, z.B. links neben das Hilfe-Fragezeichen gezogen und die Anpassung mit **Schließen** beendet hat, öffnet sich nach einem Klick die lange, möglicherweise ziemlich schwer überschaubare Liste sämtlicher auf dem eigenen PC vorhandener Schriften (wie man sie sich ähnlich auch im Auswahlfeld Schriftart in der Format-Symbolleist ansehen kann). Mit einem weiteren Klick kann man auswählen und gleich in der gewählten Schrift weiterschreiben. Eine Vorschau auf das, was kommt, gibt es nicht, man sollte also wissen, welche Schrift man sich wünscht, sonst erlebt man sonderbare und nicht immmer angenehme Überraschungen, denn die meisten Computer-Schriften sind ja doch ziemlich häßlich.

Das verborgene Menü »Arbeit« installieren

Neben **Schrift** gibt es unter **Anpassen** ⇒ **Befehle** in der Kategorie »Eingebaute Menüs« ein zweites verborgenes Menü mit dem Titel **Arbeit**. Nach dessen Installation steht eine interessante neue Funktion zur Verfügung. Durch Anklicken der Zeile »Zum Arbeitsmenü hinzufügen« kann man nun das jeweils aktuelle Dokument in eine Liste aufnehmen, aus der es sich fortan direkt aufrufen läßt. Voraussetzung ist, daß das Dokument einen Namen bekommen hat und gespeichert wurde. Anders als bei der Liste der zuletzt geöffneten Dateien im Menü **Datei**, bestimmt der Nutzer hier selbst, welche Dokumente aufgenommen werden sollen. Will man ein Dokument aus dem Menü **Arbeit** entfernen, verwandelt man den Mauszeiger mit Strg+Alt+Bindestrich[21] in ein dickes Minus-Zeichen, klickt in der Menüleiste auf **Arbeit** und in der sich öffnenden Liste auf den Eintrag, der gelöscht werden soll. Nach dem Löschen eines Eintrags (das Dokument selbst bleibt erhalten!) nimmt der Mauszeiger wieder seine gewöhnliche Gestalt an. Hat man ihn in ein Minus verwandelt und kann sich doch nicht entschließen, einen Eintrag zu löschen, erfolgt die Rückverwandlung des Mauszeigers mit Hilfe der Esc-Taste.

Ein neues Menü »Texte« erstellen

Das Menü **Arbeit** hat einen Nachteil. Innerhalb von Word ist es nur »einmal« einzurichten.[22] Eine zweite Liste von Dokumenten, die schnell erreichbar sein sollen, etwa jene »immerwährenden«, die regelmäßig benötigt und fortgeschrieben werden, läßt sich auf andere Weise herstellen.

1. Zunächst werden die Dokumente, die in das neue Menü aufgenommen werden sollen, am Bildschirm geöffnet.

2. Unter **Extras** ⇒ **Anpassen** ⇒ **Befehle** wird im »Kategorien«-Fenster der letzte Eintrag »Neues Menü« markiert. Im rechten »Befehle«-Fenster wird der Eintrag »Neues Menü« mit der linken Maustaste

---

[21] Eine der vermutlich nicht allzu häufig verwendeten Tastenkombinationen, die leicht zu vergessen und lästig nachzuschlagen sind. Für solche Fälle habe ich mir die »immerwährende« Datei *Codes* eingerichtet (vgl. S. 69).

[22] Installiert man es, was möglich ist, unter einem anderen Namen in einer zweiten Version, erscheinen Dokumente, die man in der einen Version abrufbar macht, automatisch auch in der zweiten Version.

ergriffen und an eine geeignete Stelle in der Menü-leiste, z.B. links neben das Fragezeichen, geschoben.

3. Die schwarz umrahmte Menü-Fläche wird mit der rechten Maustaste angeklickt und in dem sich öffnenden Kontextmenü der Name bearbeitet: statt *Neues Menü* z.B. *Texte*.

4. Im Dialogfenster **Anpassen** wird nun unter »Kategorien« der Eintrag **Alle Befehle** markiert und im rechten Fenster (»Befehle«) der Befehl **DateiDateiÖffnen** herausgesucht. Im unteren Teil des Dialogfeldes erscheint ein Auswahlfenster »DateiDateiÖffnen« mit einer Liste der geöffneten Dateien.

5. Für jede der Dateien, die mit dem neuen Menü »Texte« schnell erreichbar sein sollen, wird nun die folgende Prozedur wiederholt: Zunächst wird der Name der Datei im Auswahlfenster markiert, dann wird die Zeile *DateiDateiÖffnen* aus dem Fenster »Befehle« auf das neue Menü »Texte« gezogen und auf der nach unten sich öffnenden Fläche abgelegt. Sinnvoll ist es, die Bezeichnung des Eintrags zu bearbeiten. Dazu klickt man mit der rechten Maustaste auf den Eintrag und gibt im Namensfeld den Dateinamen (ohne *Öffnen* und ohne Dateiendung) ein.

Ein neues Menü »Starten« für Makros erstellen

Von Makros wird erst im nächsten Abschnitt die Rede sein. Hier nur der Hinweis, daß es sinnvoll sein kann, bestimmte Makros, nachdem man sie einmal erstellt hat, über ein eigens hierfür eingerichtetes Menü abrufbar zu machen. Ein solches Menü wird genauso erstellt wie das

Menü »Texte«. Wenn es in der Menüleiste plaziert und mit einem passenden Namen, z.B. »Starten«, versehen ist, wählt man im Dialogfenster **Anpassen** auf der Registerkarte »Befehle« unter »Kategorien« den Eintrag *Makros*. Die vorhandenen Makros werden im rechten Fenster angezeigt und lassen sich mit der Maus von dort auf die neue Menüschaltfläche schieben.

Makros aufzeichnen: Fünf Beispiele

»Makros« sind kleine Hilfs- und Zusatzprogramme, mit denen sich Computeranwendungen für spezielle Zwecke ausbauen und erweitern lassen. In Makros lassen sich z.B. Abfolgen von Befehlen, die bei bestimmten Arbeiten immer wieder eingegeben werden müßten, zusammenfassen und von nun an durch Aufrufen des Makros automatisch ausführen.

Innerhalb von Word gibt es zwei Methoden, Makros zu erstellen: Schreiben oder Aufzeichnen. Beim *Schreiben* von Makros gerät man eher früher als später in die höheren Regionen der Programmierkunst. Sachkundige Laien, Programmierer und die Softwareproduzenten selbst »schreiben« mitunter ziemlich komplexe Makros als Ergänzung zu Word und anderen Programmen. Man findet sie auf den CDs, die Computerzeitschriften oder Handbüchern beiliegen. Man findet sie auch zum Download im Internet oder in Form von »Listings«, die die Programmzeilen eines Makros in gedruckter Form wiedergeben – zum Abschreiben (oder Einscannen) und zur nachherigen Verwendung durch jeden, dem es nützlich erscheint.

Keine höhere Kunst indessen, sondern eine unschwer erlernbare und, wie sich vielleicht zeigen wird, mancherlei Nutzen stiftende Technik, ist das *Aufzeichnen* von Makros in Word mit Hilfe des Makro-Recorders.

Ein Makro aufzeichnen – in fünf Schritten

1. Der Makro-Recorder wird durch einen Doppelklick auf das **MAK**-Feld in der Statusleiste am unteren Bildschirmrand oder über das Hauptmenü **Extras** ⇒ **Makro** ⇒ **Aufzeichnen** aufgerufen.

2. In der Dialogbox »Makro aufzeichnen« wählt man im Feld »Makroname« anstelle des vorgeschlagenen einen möglichst aussagekräftigen Namen. Es besteht die Möglichkeit, die von Word angebotene Verfasser- und Datumsangabe durch eine kurze Beschreibung des Makros, das erstellt werden soll, zu ersetzen oder zu ergänzen. Außerdem kann man schon an dieser Stelle bestimmen, ob das Makro, nachdem es erstellt ist, über eine Tastenkombination oder mit Hilfe einer Schaltfläche auf einer Symbolleiste aktivierbar sein soll. Diese Zuordnung läßt sich aber auch später unter **Extras** ⇒ **Anpassen** vornehmen und kann getrost verschoben werden. Mehr dazu weiter unten (Schritt 5). Mit OK verläßt man das Dialogfeld »Makro aufzeichnen«, und…

3. … die Makroaufzeichnung beginnt! – erkennbar an dem cassettenartigen Auswuchs des Cursors und einer kleinen Symbolleiste mit den Schaltflächen »Aufzeichnung beenden« und »Aufzeichnung anhalten/fortsetzen« (vergleichbar mit der Taste »Pause« an einem Cassettenrecorder). Alles was von nun an auf dem Bildschirm geschieht, wird festgehalten. Zu beachten ist allerdings, daß die Maus während der Aufzeichnung eines Makros nur beschränkt einsatzfähig ist: Menübefehle und Schaltflächen lassen sich

anklicken, aber alle Operationen im Schreibfeld, z.B. das Versetzen der Einfügemarke oder das Markieren und Umstellen von Textelementen, müssen mittels der Tastatur ausgeführt werden. Wer beim Markieren von Text und beim Wandern zwischen den Zeilen viel mit der Maus umgeht, tut deshalb gut daran, sich vor einer Makro-Aufzeichnung zu vergegenwärtigen, vielleicht auch zu notieren, wie alles das, was da aufgezeichnet werden soll, mit der Tastatur getan werden kann (vgl. das Repetitorium zu den Tastenkombinationen S. 227 ff.).

4. Ein erneuter Doppelklick auf das **MAK**-Feld oder die Betätigung der Schaltfläche »Aufzeichnung beenden« bewirkt eben dieses. Das Makro wird automatisch gespeichert. Es ist fortan in der Liste unter **Extras** ⇒ **Makro** ⇒ **Makros** erreichbar und läßt sich durch Betätigung der entsprechenden Schaltfläche oder durch Doppelklick auf den Makronamen ausführen. (Mit **Bearbeiten** startet man den Visual Basic-Editor und kann in Augenschein nehmen, wie sich das aufgezeichnete Makro in der von Word 97 verwendeten Makrosprache ausnimmt.)

5. Unter **Extras** ⇒ **Anpassen** läßt sich ein Makro mit einer Tastenkombination oder einer Schaltfläche oder einem Rolladenmenü verbinden und auf diese Weise schnell ausführbar machen. Die nötigen Schritte sind schon auf S. 199 ff. und 213 beschrieben worden. Es sind die gleichen, durch die einzelnen Befehlen neue Schaltflächen, neue Tastenkombinationen oder neue Einträge in Rolladenmenüs zugeordnet werden können. Auf der Registerkarte **Befehle** wählt man links unter »Kategorien« den Eintrag »Makros« und anschließend in der im rechten Feld angezeigten Liste durch einfachen Klick ein

Makro. Eine Tastenkombination kann ihm über den Schalter »Tastatur« zugewiesen werden. Soll das Makro dagegen mit einer Schaltfläche in eine Symbolleiste oder in ein Rolladenmenü aufgenommen werden, so zieht man es mit der Maus an den gewünschten Ort und kann dann über »Auswahl ändern« oder durch Klick mit der *rechten* Maustaste auf die noch formbare, schwarz umrandete Schaltfläche die Einzelheiten von Beschriftung und Symbolik klären.

Erstes Beispiel: Buchstabendreher

Sie unterlaufen jedem Schreibenden immer wieder mal. Ein kleines Makro, mit dem sie leicht zu korrigieren sind, läßt sich erzeugen, indem man die Abfolge der notwendigen Korrekturschritte mit dem Makro-Recorder ein für allemal festhält. Am einfachsten ist das an einem wirklichen Fehlerbeispiel, z.B. »Buchstbaendreher«, zu machen. Man schreibe das fehlerhafte Wort und setze die Einfügemarke hinter das verdrehte »a«.

1. Nun wird der Makrorecorder mit einem Doppelklick auf **MAK** gestartet. Das Makro bekommt einen Namen, z.B. »Buchstabendreher«, und nach OK beginnt die eigentliche Aufzeichnung. Hier die Aktionen im einzelnen:
2. **Umschalt + Pfeiltaste links**. Der Buchstabe links neben dem Cursor wird markiert.
3. **Strg+X**. Der markierte Buchstabe wird ausgeschnitten und in die Zwischenablage befördert.
4. **Pfeiltaste links**. Der Cursor wird um eine Position nach links gerückt.
5. **Strg+V**. Der ursprünglich verdrehte Buchstabe wird

aus der Zwischenablage an der korrekten Position eingefügt.

6. Die Makro-Aufzeichnung wird beendet.

Diesem Makro sollte man eine Tastenkombination zuordnen, über die es beim Schreiben leicht erreichbar ist. Vor der Ausführung des Makros muß die Einfügemarke dorthin gerückt werden, wo sie auch zu Beginn der Makroaufzeichnung stand: hinter den zweiten der »verdrehten« Buchstaben.

Zweites Beispiel: Ein Manuskript-Layout erzeugen.
Beim Schreiben und Übersetzen habe ich am Bildschirm gern möglichst viel Text vor mir und arbeite deshalb mit engem Zeilenabstand. Gedruckte Manuskripte jedoch lesen sich besser mit größerem Zeilenabstand und werden von den meisten Auftraggebern auch in dieser Form gewünscht. Aus einem engzeiligen Text wird mit Hilfe dieses Makros einer mit anderthalbfachem Zeilenabstand. Außerdem wird in der rechten oberen Ecke, mit »1« beginnend, eine automatisch weiterzählende Seitenzahl installiert. Vor der Aufzeichnung dieses Makros öffnet man irgendeinen engzeilig geschriebenen Text, an dem dann die verschiedenen Operationen ausgeführt werden. Wo die Einfügemarke bei Beginn der Aufzeichnung (und später bei der Ausführung des Makros) steht, ist in diesem Fall gleichgültig.

1. Der Makro-Recorder wird gestartet und das neue Makro mit einem Namen versehen, z.B. »Manuskript«, dann OK.

2. **Strg+A.** Der ganze Text wird markiert.

3. **Strg+5**. (die Fünf aus dem Buchstabenblock!). Der markierte Text wird anderthalbzeilig formatiert.
4. **Strg+Pos1**. Die Einfügemarke wird an den Anfang des Textes gerückt.
5. Im Hauptmenü: **Einfügen** ⇒ **Seitenzahlen...** (Dieser und die folgenden Schritte können mit der Maus *oder* der Tastatur ausgeführt werden.)
6. In der Dialogbox **Seitenzahlen**: »Position: Seitenanfang (Kopfzeile)« und »Ausrichtung: rechts« auswählen, dann unter **Format** ⇒ **Seitenzahlenformat**: »1,2,3...« und zweimal mit OK bestätigen.
7. Die Aufzeichnung beenden.

Dieses Makro sollte man über eine Schaltfläche in einer Symbolleiste oder über einen Menüeintrag erreichbar machen. Es ist klar, daß sich die Festlegungen in diesem Makro abwandeln lassen. Durch »Strg+2« im 3. Schritt würde ein zweizeiliger Zeilenabstand erzeugt. Durch die Auswahl von »Position: Seitenende« im 6. Schritt würde die Paginierung an den Fuß der Seite gesetzt usw.

Drittes Beispiel: »Erstzeileneinzug«

Eines der kleineren Rätsel, mit denen Word seine Benutzer konfrontiert, lautet: Warum ist ausgerechnet für eine der gebräuchlichsten Absatzformatierungen keine Tastenkombination vorgesehen – für einen Absatz, dessen erste Zeile mit einem »Einzug« beginnt, so daß der Beginn eines neuen Absatzes für den Leser auch dann erkennbar ist, wenn die letzte Zeile des vorhergehenden Absatzes ganz gefüllt ist? Diesem Mangel läßt sich durch ein kleines Makro abhelfen.

1. Ein Absatz ohne Einzug der ersten Zeile wird auf den Bildschirm geholt und die Einfügemarke an eine beliebige Stelle innerhalb dieses Absatzes gerückt.
2. Der Makro-Recorder wird gestartet, das Makro mit einem Namen versehen, z.b. »ErstZeilenEinzug«.
3. In diesem Fall soll das Makro schon bei der Aufzeichnung mit einer Tastenkombination verbunden werden, über die es sich später aufrufen läßt. Nach einem Klick auf die Schaltfläche **Tastatur** kann man im Dialogfeld »Tastatur anpassen« eine neue Tastenkombination, z.B. Alt+Z, eingeben. Nach einem Klick auf Schließen beginnt die Makro-Aufzeichnung.
4. Im Hauptmenü: **Format** ⇒ **Absatz**.
5. Im Bereich »Einzug« wird unter »Extra« die Auswahl geöffnet und der Eintrag »Erste Zeile« gewählt. Die Maßangabe in dem benachbarten Feld kann man ändern oder lassen, wie sie ist. OK.
6. Die Makroaufzeichnung beenden.

Zur Ausführung des Makros wird die Einfügemarke irgendwo innerhalb des Absatzes plaziert, dessen erste Zeile eingezogen werden soll. Aufheben läßt sich diese Formatierung (zusammen mit etwaigen anderen Absatzformatierungen) mit der Tastenkombination Strg+ Q. – Da Word, während man schreibt, Absatzformatierungen von einem Absatz zum nächsten mitnimmt, werden nach der Formatierung eines Absatzes mit diesem Makro alle anderen, solange man nichts anderes bestimmt, ebenfalls mit einem Einzug der ersten Zeile formatiert.

Viertes Beispiel: EmailUmlaute

Im elektronischen Postverkehr werden die deutschen Umlaute gelegentlich falsch oder gar nicht übermittelt, weil englischsprachige Software mit diesen Zeichen (ähnlich wie z.b. mit französischen Akzentbuchstaben) nichts anzufangen weiß. Wer seine E-Mails zunächst mit Word schreibt, kann mit Hilfe eines Makros die deutschen Umlaute und das »ß« so internationalisieren, da**ss** sie online keinen **Ae**rger machen.

1. Ein beliebiger deutschsprachiger Text, der als Probeobjekt für die nachfolgend beschriebenen Modifikationen dienen soll, wird geöffnet.

2. Die Makro-Aufzeichnung wird eingeschaltet, ein Name, z.b. »EmailUml«, wird vergeben und mit OK bestätigt. Die Makro-Aufzeichnung beginnt.

3. **Strg+Pos1**. Die Einfügemarke wird an den Beginn des Textes gerückt.

4. Im Hauptmenü: **Bearbeiten** ⇒ **Ersetzen** ⇒ **Erweitern**. Hier wird das Feld »Groß-/Kleinschreibung beachten« mit einem Häkchen versehen.

5. In das Feld »Suchen nach« wird ein »Ä« eingetragen, in das Feld »Ersetzen durch« ein »Ae«. Anschließend wird die Schaltfläche **Alle ersetzen** gedrückt.

6. Die Schritte unter 4. und 5. werden nun nacheinander auch für folgende Suche/Ersetze-Paarungen wiederholt: ä − ae / Ö − Oe / ö -oe / Ü − Ue / ü − ue / ß − ss.

7. Auf der »Suchen/Ersetzen«-Registerkarte **Abbrechen** betätigen.

8. Die Makroaufzeichnung beenden.

Letztes Beispiel:

Ein anderes Programm aus Word starten

Mit dem Makro-Recorder von Word sind nur Vorgänge festzuhalten, die sich innerhalb von Word abspielen. Deshalb läßt sich ein Makro, mit dem eine externe Anwendung aufgerufen wird, nicht *aufzeichnen*. Es läßt sich jedoch mit dem Visual-Basic-Editor *schreiben*. Das folgende Makro ermöglicht es, den Windows-Taschenrechner zu starten, ohne Word zu verlassen:

1. Mit **Extras** ⇒ **Makro** ⇒ **Makros** wird das einschlägige Dialogfeld geöffnet. Ein Makroname wird vergeben, z.B. *Rechner*, und dann die Schaltfläche **Erstellen** angeklickt.

2. Es startet der Visual Basic Editor. Im oberen Fenster der linken Spalte ist ablesbar, wo das neue Makro deponiert wird – im Projekt »Normal«, das der Dokumentvorlage *normal.dot* zugeordnet ist, genauer gesagt, in einem Unterordner *Module* und dort unter *NewMacros*. An alledem braucht nichts geändert zu werden.

3. Im Hauptfenster auf der rechten Seite findet sich bereits eine Art Formular für das neue Makro. Jedes Makro muß mit der Zeile *Sub [Makroname]* beginnen und mit *End Sub* enden. Alles andere kommt zwischen diese Zeilen, und der Visual Basic Editor hat bereits in Grün zwei sogenannte Kommentarzeilen mit dem Makronamen und dem aktuellen Datum eingefügt. Kommentarzeilen sind für den Ablauf des Makros nicht wirksam, sie sollen für Übersicht sorgen. Zu »Kommentar« werden sie durch einfache Anführungszeichen[23] am Beginn der Zeilen.

4. Der Cursor steht bereits an der richtigen Stelle (un-

terhalb des Kommentars, oberhalb von End Sub), so daß das Makro unverzüglich eingegeben werden kann. Es besteht nur aus einer Zeile:

Shell »c:\windows\calc.exe«, vbNormalFocus
»Shell« ist der Name des Befehls zum Starten einer externen Anwendung. In doppelten Anführungszeichen stehen der Name des Programms, hier: *calc.exe,* und die Pfadangabe, die dorthin führt.[24] Hinter dem Komma folgt noch eine Angabe, in welcher Art von Fenster die Anwendung gestartet werden soll. Beim Schreiben von »vbNormal….« springt der Editor dem Schreibenden mit einer Liste möglicher Optionen zu Hilfe, aus der man die gewünschte durch Doppelklick wählen kann, statt den Code selbst zu schreiben.

5. Im Visual Basic Editor läßt sich das neue Makro auch gleich testen: durch Anklicken des kleinen nach rechts zeigenden Dreiecks auf der Symbolleiste oder mit F5.

Mit dem Shell-Befehl lassen sich auch andere Programme starten, ohne daß man Word zu verlassen braucht, z.B. das Texterkennungsprogramm für den Scanner, ein Grafik- oder Bildbearbeitungsprogramm oder eine Datenbank. Im Programmcode des Makros müssen dazu jeweils nur die Pfadangabe und der Name der Programmdatei ausgetauscht werden.[25]

[23] Auf einer gewöhnlichen deutschen Tastatur findet sich das einfache Anführungszeichen auf derselben Taste wie der Gartenzaun # - nicht zu verwechseln mit den Zeichen für *accent aigu* und *accent grave*.

[24] Sollte Windows auf einer anderen Festplatte und/oder der Taschenrechner in einem anderen Ordner untergebracht sein, ist die Befehlszeile entsprechend zu verändern.

[25] Eine Einführung in das Schreiben von Makros mit dem Visual Basic Editor bietet das Buch von René Martin, *VBA mit Word 97.* Vgl. die Literaturhinweise, S. 245 f.

Nachbemerkung

Ein Buch gibt seinen Lesern in jedem Abschnitt und auf jeder Seite zu erkennen, für wie klug oder informiert es sie hält. Wem in einem Buch zuviel von dem, was er längst weiß, noch einmal erklärt wird, fühlt sich für dumm gehalten. Ich bitte Leserinnen und Leser, denen dies an manchen Stellen in den vorausgegangenen Kapiteln womöglich so ergangen ist, um Nachsicht und möchte zu meiner Entschuldigung anführen, daß in diesem Buch meistens ich selbst der Dumme war, dem ich irgendwelche vermeintlich oder wirklich trivialen Kleinigkeiten erkläre − oder daß ich der Dumme einmal gewesen bin, der sich über ein klares Wort in einer unklaren Angelegenheit gefreut hätte.

Ich habe auch dieses Buch nicht geschrieben, weil ich mich für besonders wissend hielt, sondern weil ich mehr wissen wollte. Und ich habe während des vergangenen Jahres bei der Arbeit an meinem elektronischen Schreibtisch eine Menge gelernt (z. B. daß das richtige Apostroph auf der Taste mit dem Gartenzaun liegt, wohingegen die Akzentzeichen, die ich bisher immer verwendet habe, nur ein unzulänglicher Ersatz sind). Aber ich hoffe auch, daß ich nicht der einzige bleibe, der aus diesem Buch Nutzen und Vergnügen zieht.

Wie aufschlußreich können Erfahrungen am eigenen Schreibtisch für andere sein? Der sie aufzeichnet, kann diese Frage nicht beantworten. Er kann nur zu Protokoll geben, daß er sie sich während der Arbeit oft gestellt hat.

So viel läßt sich aber vielleicht doch sagen: Wo das lehrplanmäßige Belehren über verbindliche Regeln nicht mehr hinreicht, ist das Mitteilen von möglicherweise nützlichen Erfahrungen und das Weitergeben von Anregungen noch lange nicht zu Ende. Die Computerhandbücher und die Anleitungen zu den Schreibprogrammen begleiten das »zweite Schreibenlernen«. Sie führen in die Techniken des elektronischen Schreibens ein, aber an die Frage, in welches Verhältnis diese Techniken zum Stil, zum Arbeitsstil, zu den Gewohnheiten, Ansprüchen, Eigenheiten der Schreibenden und schließlich auch zu Einfall und Inspiration gebracht werden können, wagen sie sich nicht heran. Wahrscheinlich ist diese Zurückhaltung weise, und wahrscheinlich ist es vermessen, hier etwas weiterzugehen. Versuchen wollte ich es trotzdem, und ich würde mich freuen, wenn manches von dem, was in diesem Buch dargestellt wird, und vielleicht auch die Art, wie dies geschieht, die eine oder andere Leserin, den einen oder anderen Leser locken könnte, sich den Computer ein bißchen nützlicher zu machen, als er bisher war.

Gedruckte Bücher, so scheint mir, erweisen sich auch in der digitalen Sphäre, aus der ihnen doch angeblich besonders fatale Gefahren drohen, als überlegene Auskunftsmittel. Sie bieten ein gute Chance, die Befangenheit, die uns in diesen Gefilden beschleicht, abzustreifen, die Ahnungslosigkeit einzudämmen und so weit, wie dies möglich ist, selbst die Kontrolle zu übernehmen. Aus dem persönlichen Computer, der sich mit seinen hohen Anforderungen an unsere Lernwilligkeit, unsere Fingerfertigkeit, unsere Bereitschaft zum Umdenken auf dem Schreibtisch anfangs wie ein sturer Potentat ausnimmt, der kein Versehen durchgehen läßt, jeden Formfehler durch Mißachtung, wenn nicht Datenverlust bestraft und sich bei formlos vorgebrachten Wünschen einfach taub stellt, läßt sich nicht zuletzt mit Hilfe der Bücher das machen, was der PC nach dem Wunsch seiner verständigen Benutzer sein oder werden soll – ein dienstbarer Geist in der Bildröhre.

Anhang

Zum Erwerb empfohlen:
Vier kleine Repetitorien

Manche der hier versammelten Einzelheiten und Einzelschritte werden dem, der mit Word und Windows schon einige Zeit umgeht, geläufig sein. Aber da ich in solchen Ansammlungen von Elementartips (und noch während ich diesen Anhang zusammenstelle) selbst auf vermeintlich gut bekanntem Gelände immer wieder mal neue Wege, Abkürzungen und Möglichkeiten entdecke, stelle ich mir vor, daß die folgenden vier kurzen Lektionen über die Grundlagen des Klickens und Tastendrückens am Computer auch anderen nützlich sein könnten.

1. Wichtige Tastenkombinationen oder Shortcuts

In Windows 95/98 und Windows-Programmen

Strg+X = Ausschneiden (das X ist eine Schere): in die Zwischenablage verschieben

Strg+C = Kopieren (Copy): in die Zwischenablage kopieren

Strg+V = Einfügen (das V ein Keil? eine Spritze??): aus der Zwischenablage einfügen (ggf. auch mit der Einfg-Taste, vgl. S. 139)

Strg+Z = Zurück – den letzten Befehl rückgängig
machen
Alt+Tab = Wechseln zum nächsten aktiven Programm
Strg+Esc = Öffnen des Startmenüs (entspricht dem
Klick auf die Schaltfläche Start)
F1 = Hilfe
F4 = Den letzten Befehl wiederholen

In Word 97

Die Tastenkombinationen für das Befehlsmenü

– beginnen allesamt mit der Alt-Taste, gefolgt von dem
Buchstaben, der im jeweiligen Befehl unterstrichen ist, z.B.
Alt+X für **Extras**. Anschließend ist nur noch der in der angezielten Menüzeile unterstrichene Buchstabe (ohne Alt),
einzugeben, z.B. Alt+X+O, um zu **Extras** ⇒ **Optionen** zu
gelangen, oder Alt+E+N, um im Menü **Einfügen** die Tabelle der **Sonderzeichen** zu öffnen.

Tastenkombinationen zur Zeichenformatierung

Strg+Umschalt+K = *Kursiv*
Strg+Umschalt+F = **Fett**
Strg++ = hochgestellt
Strg+# = tiefgestellt
Strg+Umschalt+U = Unterstrichen
Strg+Umschalt+Q = KAPITÄLCHEN
Strg+Umschalt+H = verborgener (*hidden*) Text
Strg+9 = Schrift stufenweise um 1 Punkt
vergrößern
Strg+8 = Schrift stufenweise um 1 Punkt
verkleinern
Umschalt+F3 = Wechsel zwischen Groß- und
Kleinschreibung in drei Stufen:
ALLES GROSS, alles klein, Gross
Und Klein
Strg+Umschalt+C = Zeichenformat einer markierten
Stelle kopieren
Strg+Umschalt+V = Zeichenformat an einer markierten
Stelle einfügen
Strg+Leertaste = Zeichenformatierung aufheben

Befehle zur Zeichenformatierung funktionieren wie Ein/Aus-Schalter, d.h., durch nochmalige Betätigung des Formatierungs-Shortcuts wird die Formatierung rückgängig gemacht (Ausnahme: die Shortcuts zur Veränderung der Schriftgröße). Mehrere Zeichenformate lassen sich »addieren« und durch gesonderte Wiederholung des entsprechenden Formatbefehls auch einzeln wieder entfernen. Mit Strg+Leertaste werden sämtliche Zeichenformatierungen auf einen Schlag rückgängig gemacht.

Tastenkombinationen zur Absatzformatierung

Strg+L =	Linksbündig
Strg+R =	Rechtsbündig
Strg+E =	Zentriert
Strg+B =	Blocksatz
Strg+M =	Einzug links (stufenweise) vergrößern, erstreckt sich auf sämtliche Zeilen
Tab =	Einzug der ersten Zeile des Absatzes (wenn die Einfügemarke am Beginn des Absatzes steht)
Strg+Umschalt+M =	Linken Einzug stufenweise verringern
Strg+T =	Negativer Einzug (erste Zeile eines Absatzes linksbündig, alle anderen mit Einzug) – durch mehrfache Betätigung zu erweitern
Strg+Umschalt+T =	Negativer Einzug wird stufenweise verringert
Strg+1[1] =	Zeilenabstand normal (eng)
Strg+5[1] =	Anderthalbfacher Zeilenabstand
Strg+2[1] =	Doppelter Zeilenabstand
Strg+Q =	Sämtliche Absatzformatierungen entfernen

[1] Die Zahlen im Buchstabenblock.

Weitere hilfreiche Tasten und Tastenkombinationen

F1 = Hilfe (in Office: Auftritt des Assistenten).
Weitere Hilfe im Hauptmenü unter »?«

F4 = Wiederholt den letzten Befehl[2]

Strg+F6 = Wechselt zwischen den verschiedenen geöffneten Dokumenten

Cursor-Bewegung im Text und Markieren von Text

Pos1 = zum Anfang der Zeile

Strg+Pos1 = zum Anfang des Dokuments

Umschalt+Pos1 = Markierung bis zum Anfang der Zeile erweitern

Strg+Umschalt+Pos1 = Markierung bis zum Anfang des Dokuments erweitern

Ende = zum Ende der Zeile

Strg+Ende = zum Ende des Dokuments

Umschalt+Ende = Markierung bis zum Ende der Zeile erweitern

Strg+Umschalt+Ende = Markierung bis zum Ende des Dokuments erweitern

Bild auf/ab = eine Bildschirmseite nach oben/unten

Strg+Bild auf/ab = eine Druckseite nach oben/unten

Umschalt + Bild auf/ab = Markierung eine Bildschirmseite nach oben/unten erweitern

---

[2] Eine äußerst nützliche Funktionstaste – nicht bei der Eingabe von Text, aber z.B. dann, wenn mehreren Textteilen oder Absätzen das gleiche Format zugeordnet werden soll.

Pfeil hoch/tief =	eine Zeile nach oben/unten
Strg+Pfeil hoch/tief =	ein Absatz nach oben/unten
Umschalt+Pfeil hoch/tief =	Markierung um eine Zeile nach oben/unten erweitern
Strg+Umschalt+Pfeil h./t. =	Markierung um eine Zeile nach oben/unten erweitern
Pfeil rechts/links =	ein Zeichen nach rechts/links
Strg+Pfeil rechts/links =	ein Wort nach rechts/links
Umschalt+Pfeil rechts/links =	Markierung um ein Zeichen nach rechts/links erweitern
Strg+Umschalt+Pfeil r./l. =	Markierung um ein Wort nach rechts/links erweitern
Strg+A *oder* Strg+5[3] =	Ganzen Text (Alles) markieren
Strg+Umschalt+F8 =	Spaltenmarkierung (Bestimmung der Spaltenbreite und -höhe mit den Pfeiltasten, Verlassen des Spaltenmarkierungsmodus mit Esc oder nochmaliger Eingabe von Strg+Umschalt+F8.)

[3] Im Zahlenblock (Pfeiltasten).

2. Mausoperationen

Klick / Doppelklick / Dreifachklick = wenn nichts anderes angegeben wird, ist immer die Betätigung der *linken* Maustaste gemeint.[4]

Ziehen = ein Element auf dem Bildschirm anklicken und mit gedrückter linker Maustaste den Mauszeiger bewegen

Drag&Drop = »Ziehen und Fallenlassen«

1. Der Text, der verschoben (bzw. kopiert) werden soll, wird zunächst markiert.

2. Der Mauszeiger wird in den markierten Bereich geführt und verwandelt sich nun in einen nach links oben zeigenden Pfeil.

3. Ohne den markierten Bereich zu verlassen, drückt man die linke Maustaste und hält sie gedrückt. Der Mauszeiger verändert sich noch einmal: Neben der Pfeilspitze erscheint eine punktierte Einfügemarke und am Pfeilschaft ein punktiertes Rechteck.

4. Den so verwandelten Mauszeiger bewegt man bei gedrückter linker Maustaste zu der Stelle, wo das markierte Textstück plaziert werden soll. Dort läßt man die Maustaste los. Der zuvor markierte Text wird an den neuen Platz verschoben.

Wenn man es sich während des Verschiebens anders überlegt und keine Änderung vornehmen will, kehrt man mit dem Mauszeiger zu der markierten Ausgangsstelle zurück und läßt den Mauszeiger dort los. Alles bleibt dann, wie es war.

Hält man beim Anklicken des markierten Elements (Schritt 3) die Strg-Taste gedrückt, so wird der

---

[4] Die Doppelklick-Geschwindigkeit läßt sich unter Windows 95 der eigenen Fingerfertigkeit anpassen. Vgl. S. 151 f.

markierte Text nicht an die anschließend angesteuerte Stelle »verschoben«, sondern es wird dort eine Kopie abgelegt. Beim Kopieren mit Drag&Drop erscheint in dem punktierten Rechteck am Schaft des Mauszeigers ein Pluszeichen.

Alles das klingt umständlicher, als es ist. Anfangs erfordert das Drag&Drop ein wenig Üben. Aber wenn es zur Routine herabgesunken ist, hat man ein Verfahren gewonnen, das beim Überarbeiten von Texten oder beim Anpassen der Word-Symbolleisten sehr nützlich ist.

Die Maus im Text

einfacher Klick =	bringt den Cursor an die angeklickte Stelle
einfacher Klick und Ziehen =	markiert den Text zeichenweise[5]
Doppelklick =	markiert das Wort
einfacher Klick + Strg =	markiert den Satz.[6]
dreifacher Klick =	markiert den Absatz

Die Maus in der »Markierungsspalte«

So heißt im Word-Vokabular die Spalte links neben dem Text, wo der Mauspfeil nach rechts oben zeigt.

einfacher Klick =	markiert die Zeile
einfacher Klick und nach oben oder unten Ziehen =	erweitert die Markierung zeilenweise

[5] Sofern unter **Extras ⇒ Optionen ⇒ Bearbeiten** die Funktion *Wörter automatisch markieren* deaktiviert wurde, wozu ich rate. (Vgl. S. 138 f.)

[6] Genauer gesagt: den Bereich zwischen zwei Punkten, denen ein Leerzeichen folgt (oder den Bereich zwischen zwei Absatzmarken).

doppelter Klick	=	markiert den Absatz
dreifacher Klick	=	markiert den gesamten Text
einfach Klick + Strg	=	markiert den gesamten Text

Spalten markiern

Die Alt-Taste gedrückt halten und mit gedrückter linker Maustaste den Mauszeiger von der Cursor-Position diagonal nach oben oder unten durch die zu markierende Spalte ziehen.

Schnelles Verschieben

1. Einen Bereich markieren.
2. Die Strg-Taste gedrückt halten.
3. Mit der *rechten* Maustaste auf die Zielstelle der Verschiebung klicken.

Schnelles Kopieren

1. Einen Bereich markieren.
2. Die Strg- und die Umschalt-Taste gedrückt halten.
3. Mit der *rechten* Maustaste auf die Stelle klicken, an der die Kopie abgelegt werden soll.

3. Umgang mit Fenstern und Dateien unter Windows 95/98

In Windows 95/98 taugt jedes »Ordnerfenster« als Schaltzentrale für die Verwaltung von Dateien. In diesen Ordnerfenstern ist nicht nur Übersicht zu gewinnen, es lassen sich hier auch alle wichtigen Operationen mit Dateien ausführen. Auskunft über die vielfältigen Einsatzmöglichkeiten dieser Fenster erteilt jedes größere Handbuch (vgl. auch S. 147 ff.). Hier zur Erinnerung, zum Rekapitulieren, zum Ausprobieren nur so wenig:

♦ Durch Betätigung der drei Schaltflächen rechts oben lassen sich Ordnerfenster »minimieren« (in die Task-Leiste absenken), »maximieren« (auf die volle Bildschirmgröße bringen), »wiederherstellen« (auf eine mittlere oder die vom Nutzer selbst bestimmte Größe bringen) und zuletzt auch »schließen«.

♦ Die Größe jedes einzelnen Fensters läßt sich durch Ergreifen einer der vier Fensterkanten oder einer der Ecken mit gedrückter linker Maustaste verändern. Windows 95/98 merkt sich die vorgenommenen Einstellungen für die verschiedenen Fenster.

♦ Ordnerfenster lassen sich als Ganze mit gedrückter linker Maustaste in der zumeist blauen Kopfleiste ergreifen und auf dem Bildschirm herumschieben.

♦ Die »Ansicht« der Ordnerfenster läßt sich – für jedes Fenster gesondert! – über das Menü in der Kopfzeile vielfältig variieren. Besonders nützlich für alle, die sich noch einiger Sehkraft erfreuen, ist es, zunächst einmal die voreingestellte Bilderbuchansicht »Große Symbole« gegen die Ansicht »Liste« oder »Details« auszuwechseln. Zwischen diesen beiden lohnt der gelegentliche Wechsel: »Liste« bringt mehr Dateinamen, ins Fenster, »Details« mehr Informationen über die einzelnen Dateien. In der »Detail«-Ansicht kann man außerdem durch Anklicken der Spaltenüberschriften »Name«, »Größe«, »Typ«, »Geändert am« (= letztes Speicherdatum) bestimmen, nach welchem Kriterium die aufgelisteten Dateien sortiert werden sollen. (Nochmaliges Anklicken kehrt die Reihenfolge der Sortierung um.)

♦ Die Auswahl einer Datei erfolgt durch einfachen, das Öffnen einer Datei durch doppelten Klick mit der linken Maustaste.[7] Mehrere nicht unmittelbar hintereinanderstehende Dateien lassen sich auswählen, indem man sie bei gedrückter Strg-Taste nacheinander anklickt. Mehrere aufeinanderfolgende Dateien werden durch Klick auf die erste Datei und Klick bei gedrückter Umschalt-Taste auf die letzte Datei ausgewählt.

♦ Der Klick mit der *rechten* Maustaste auf einen Dateinamen oder eine Gruppe von ausgewählten Dateien öffnet ein Kontextmenü, in dem die wichtigsten Befehle für den Umgang mit Dateien erreichbar sind: Öffnen, auf eine Diskette kopieren (unter »Senden an«), Ausschneiden oder Kopieren (jeweils in die Zwischenablage), Löschen (in den »Papierkorb«), Umbenennen, gegebenenfalls auch Druck und Schnellansicht.

♦ Zwischen zwei geöffneten Fenstern lassen sich einzelne oder mehrere ausgewählte Dateien durch Ziehen mit der Maus wahlweise kopieren oder verschieben. Am sichersten funktioniert das so: Man »zieht« mit gedrückter rechter Maustaste und gibt nach dem Ablegen am Zielort in dem sich öffnenden Kontextmenü an, ob kopiert oder verschoben werden soll.

---

[7] In Windows 98 kann man unter **Ansicht ⇒ Ordneroptionen ⇒ Einstellungen** wählen, ob ein »Objekt« durch einfachen oder doppelten Klick zu öffnen sein soll.

4. Die Dialogbox »Öffnen« in Word 97 als Dateiverwaltungszentrum

Die Dialogbox, die bei der Aktivierung des Befehls **Datei** ⇒ **Öffnen** in Word 97 am Bildschirm erscheint, ist im Grunde nichts anderes als ein mit zusätzlichen Suchfunktionen ausgestattetes Ordnerfenster.

♦ Auch hier lassen sich verschiedene »Ansichten« (Liste, Details, Eigenschaften, Vorschau) über die entsprechenden Schaltflächen im oberen Teil des Fensters einstellen, und in der Detail-Ansicht lassen sich durch Anklicken der entsprechenden Spaltenüberschriften die Dateien wie in anderen Ordnerfenstern nach verschiedenen Kriterien sortieren.

♦ Die Suche, die über die vier Eingabefelder unterhalb des Dateifensters gesteuert wird, richtet sich in der Normaleinstellung auf einen bestimmten Dateityp, die Word-Dateien mit der Endung *.doc*. Suchen läßt sich innerhalb des jeweils ausgewählten Ordners aber auch nach Dateien in anderen Textformaten (sie sind in der Rolladenliste verzeichnet, die bei einem Klick auf die Schaltfläche mit dem Dreieck zum Vorschein kommt) oder nach »allen Dateien« (⋆.⋆). Im Feld »Zuletzt geändert« läßt sich die Suche zeitlich eingrenzen, und sie läßt sich obendrein im Feld »Text oder Eigenschaft« als »Volltextsuche« gestalten. Auf diese Weise bringt man Word dazu, alle Dateien im ausgewählten Ordner anzuzeigen, die ein bestimmtes Wort oder eine bestimmte Wortfolge enthalten.

♦ Ein Klick mit der rechten Maustaste auf einen Dateinamen bringt, wie in den Ordnerfenstern unter Windows 95/98, ein Kontextmenü zum Vorschein, das alle wichtigen Befehle für den Umgang mit Dateien enthält: Öffnen, Drucken, Senden an (auf Diskette kopieren), Ausschneiden, Kopieren und obendrein zwei weitere, denen man in den Menüs und Symbolleisten von Word seltsamerweise so leicht nicht begegnet, obwohl sie für alle Aufräumarbeiten auf der Festplatte absolut elementar sind: »Umbenennen« und »Löschen«.

Eintritt ins Internet:
Ausgewählte Zugänge

Die folgende Seite steht auch als HTML-Datei unter
www.eichborn.de zum Herunterladen bereit.

Suchmaschinen

Yahoo
Nachschlagen in einem systematisch gegliederten Stich-
wortkatalog ist hier ebenso möglich wie die Suche nach
beliebigen Namen und Begriffen.
http://www.yahoo.de

Lycos – Catalog of the Internet
http://www.lycos.de

Alta Vista
http://www.altavista.digital.com

DINO-Deutschprachige Seiten im WWW
http://www.dino-online.de/

Listen / Quellen / Materialien

Düsseldorfer Virtuelle Bibliothek
Ausgewählte, systematisch geordnete, z.T. auch kommentierte elektronische Materialien zu allen Wissenschaftsfächern.
http://www.rz.uni-duesseldorf.de/WWW/ulb/virtbibl.html

The Voice of the Shuttle – Die Stimme des Weberschiffchens

Ein riesiger Fundus an Hinweisen auf geisteswissenschaftliche Materialien im Internet.

http://humanitas.ucsb.edu/

Bibliomaniac List

Eine umfangreiche Sammlung von Literatur-Links, unter besonderer Berücksichtigung von deutschen Plätzen.

http://www.lipsia.de/~hesse/

Hyperfiction – deutsch

Eine kommentierte Liste von ausgewählten deutschsprachigen Versuchen in Hypertextliteratur mit Links in andere Sprachräume.

http://www.update.ch/beluga/hypfic.htm

inkspot – Writer's Resources on the Internet

Nützliches für Schreibende

http://www.inkspot.com/

Deutscher Bildungsserver

Handverlesene und kommentierte Online-Ressourcen zu den verschiedenen Schul- bzw. Wissenschaftsfächern

http://dbs.schule.de/

Human Languages Page

Ein umfassender Katalog von Materialien zu mehr als hundert Sprachen.

http://www.june29.com/HLP/

Dienste

VlB – Das Verzeichnis lieferbarer Bücher
http://www.buchhandel.de/

Zentralverzeichnis antiquarischer Bücher – ZVAB
Hier haben mehr als achtzig Antiquariate aus dem
deutschsprachigen Raum ihre Kataloge in einer Datenbank verbunden, die unter einer einzigen Maske un-
kompliziert durchsucht werden kann.
http://www.zvab.com

SUBITO – Der Dokumentenlieferdienst der deutschen Bibliotheken
Aus einem Bestand von zur Zeit etwa einer Million
Zeitschriften lassen sich Artikel oder einzelne Seiten be-
stellen, die von einer Bibliothek, in der die Zeitschrift
vorhanden ist, gescannt und dem Besteller binnen drei
Tagen gegen eine geringe Gebühr per E-Mail zugestellt
werden.
http://www.subito-doc.de/

Internet Movie Database
Eine Datenbank voller aktueller und historischer Kino-
Informationen.
http://www.imdb.com/

Deutsche Bahn AG – Fahrplanauskunft
http://bahn.hafas.de/

Nachschlagewerke

Davis' Free Internet Encyclopedia
Ein Lexikon aus Links zu sorgfältig ausgewählten Internet-Materialien.
http://www.clever.net/cam/encyclopedia.html

World-Factbook 1997
Eine detailreiche Länderkunde, zusammengestellt von der CIA.
http://www.odci.gov/cia/publications/factbook/index.html

On-Line Dictionaries
http://www.facstaff.bucknell.edu/rbeard/diction.html

LEO-Dictionary German <-> English
http://www.leo.org/cgi-bin/dict-search

Webster's English Dictionary
http://c.gp.cs.cmu.edu:5103/prog/webster

Bibliotheken und andere Institutionen

Deutsche Bibliothek Frankfurt / Deutsche Bücherei Leipzig
Der Gesamtkatalog der Deutschen Bibliothek Frankfurt ist online durchsuchbar.
http://www.ddb.de/

Gabriel – Der Informationsdienst der europäischen Nationalbibliotheken
http://portico.bl.uk/gabriel/de/welcome.html

Library of Congress, Washington
http://marvel.loc.gov/

Das Europäische Übersetzerkollegium in Straelen
http://www.euk-straelen.de

Deutsche Verlage im Internet
http://www.darmstadt.gmd.de/BV/agef_5.html

Frankfurter Buchmesse
http://www.frankfurt-book-fair.com/

Das Media Laboratory des MIT
http://nicholas.www.media.mit.edu/

Elektronische Textarchive

Project Gutenberg – USA
Schöne, wissenschaftliche und politische Literatur in englischer Sprache.
http://promo.net/pg/

Projekt Gutenberg – Deutschland
Ein wachsendes Archiv deutscher Literatur. Längere Texte sind leider in lauter kleine Happen zerschnitten.
http://gutenberg.aol.de/gutenb.htm

The Tech Classics Archive
Griechische und römische Texte in englischer Übersetzung.
http://classics.mit.edu/

L'Association des Bibliophiles Universels (ABU)
Ein elektronisches Archiv französischer Literatur.
http://cedric.cnam.fr/ABU/

University of Virginia Electronic Text Library
http://etext.lib.virginia.edu/uvaonline.html

Computer / Software / Netzwesen

Netaction
Netaction will die basisdemokratischen Potentiale des Internet nicht nur erhalten, sondern ausbauen. Unter dem Slogan »Don't be soft on Microsoft« beteiligt sich diese Initiative daran, das Streben der Gates–Corporation nach unbeschränkter Vorherrschaft auf den elektronischen Schreibtischen dieser Welt in Grenzen zu halten.
http://www.netaction.org

Woody´s Office Watch
Auch Woody Leonhard, Mitverfasser von »Word 97 Annoyances« (vgl. das Literaturverzeichnis) hat ein kritisches Auge auf Microsoft – ihn interessieren allerdings weniger die Strategien der Firma als ihre Produkte. Sein lesenswerter wöchentlicher Newsletter ist kostenlos per E-Mail zu beziehen.
http://www.wopr.com/index.html

Download.Com
Ein großes anzapfbares Archiv für Software der unterschiedlichsten Art.
http://www.download.com/

Microsoft Support Deutschland

Informationen, Hilfestellung, Programmergänzungen, Programmfehlerkorrekturprogramme (»patches«).

http://www.microsoft.com/germany/office/

Zuguterletzt

Die Literaturseite des Deutschlandfunks

http://www.dlf.de/literatur

Eichborn im Internet

Der Verlag stellt sich und seine Bücher vor. Hier findet man Aktualisierungen und Ergänzungen zu dem vorliegenden Buch und zu meinen »Literarischen Spaziergängen im Internet«.

http://www.eichborn.de/home.htm

Verstreute Werke. Reinhard Kaisers Elektroarchiv

Kunstübungen, Erzählungen, Literaturgeschichten, Electronica, Schaukasten.

http://members.aol.com/reinkaiser/index.htm

Literaturhinweise

Born, Günter, *Supertricks Word 97*, Haar bei München: Markt und Technik 1997.

Ebel, Peter, *Das große Buch zu Word für Windows 6*, Düsseldorf: Data Becker 1993.

Fischer, Sabine (Bearb.), *Vom Schreiben 2. Der Gänsekiel oder Womit schreiben? Marbacher Magazin* 69/1994. Mit einem Essay von Peter Härtling: »Federleicht oder doch etwas schwerer. Dichter und ihre Schreibgeräte«.

Gradias, Michael, *Scannen leichtgemacht*, Düsseldorf: Data Becker 1998.

Kaiser, Reinhard, *Literarische Spaziergänge im Internet. Bücher und Bibliotheken online*, 2. Aufl. 1997, Frankfurt: Eichborn (Aktualisierungen und Ergänzungen im Internet: *http://www.eichborn.de/home.htm*).

Karp, David A., *Windows Annoyances*, Cambridge, Köln, Paris, Sebastopol, Tokio: O'Reilly 1997; dt. *Windows Widrigkeiten*, O'Reilly 1997.

Kittler, Friedrich, *Grammophon Film Typewriter*, Berlin: Brinkmann & Bose 1986.

Koelbl, Herlinde, *Im Schreiben zu Haus. Wie Schriftsteller zu Werke gehen. Fotografien und Gespräche*, München: Knesebeck 1998.

Koppelmann, Marion, Thorsten Petrowski, *Hardware. Verstehen, Tunen & Konfigurieren*, Kaarst: bhv 1997.

Kost, Rudi, *Word 97. Das Kompendium*, Haar bei München: Markt & Technik 1997.

Leonhard, Woody, Lee Hudspeth, T.J. Lee, *Office 97 Annoyances*, Cambridge, Köln, Paris, Sebastopol, Tokio: O'Reilly 1997.

dies., *Word 97 Annoyances*, Cambridge, Köln, Paris, Sebastopol, Tokio: O'Reilly 1997.

Levin, Michael, *Writer's Internet Sourcebook*, San Francisco: No Starch Press 1997.

Martin, René, *VBA mit Word 97. Einstieg in die Welt der Makroprogrammierung*, Bonn, Reading Mass. usw.: Addison-Wesley 1998. (VBA =Visual Basic for Applications, eine von Microsoft entwickelte Programmiersprache).

Monadjemi, Peter, *Windows 95. Das Kompendium*, Haar bei München: Markt & Technik 1995.

ders., *Windows 98. Kompendium*, Haar bei München: Markt & Technik 1998.

Morris, Evan, *The Book Lover's Guide to the Internet*, New York: Fawcett Columbine 1996.

Nicol, Natascha u. Ralf Albrecht, *Wissenschaftliche Arbeiten schreiben mit WinWord97. Formvollendete und normgerechte Examens-, Diplom- und Doktorarbeiten*, Bonn u.a.: Addison-Wesley-Longman 1997.

Zimmer, Dieter E., *Die Elektrifizierung der Sprache. Über Sprechen, Schreiben, Computer, Gehirne und Geist*, München: Heyne 1997.

Register

© Eichborn GmbH & Co. Verlag KG, Frankfurt am Main, März 1999
Umschlaggestaltung: Christina Hucke
unter Verwendung einer Collage von Friedrich Meckseper
Lektorat: Waltraud Berz
Satz: Fuldaer Verlagsanstalt GmbH, Fulda
Druck und Bindung: Wiener Verlag, Himberg
ISBN 3-8218-1462-4

Verlagsverzeichnis schickt gern:
Eichborn Verlag, Kaiserstraße 66, D-60329 Frankfurt am Main
http://www.eichborn.de